Ansgar Pieper · Josef Strötgen

Produktive Arbeitsorganisation

Sozialverträgliche Technikgestaltung
Materialien und Berichte Band 35

Herausgeber: Das Ministerium für Arbeit, Gesundheit und Soziales des Landes Nordrhein-Westfalen

Die Schriftenreihe „Sozialverträgliche Technikgestaltung" veröffentlicht Ergebnisse, Erfahrungen und Perspektiven des vom Ministerium für Arbeit, Gesundheit und Soziales des Landes Nordrhein-Westfalen initiierten Programms „Mensch und Technik – Sozialverträgliche Technikgestaltung". Dieses Programm ist ein Bestandteil der „Initiative Zukunftstechnologien" des Landes, die seit 1984 der Förderung, Erforschung und sozialen Gestaltung von Zukunftstechnologien dient. Der technische Wandel im Feld der Mikroelektronik und der modernen Informations- und Kommunikationstechnologien hat sich weiter beschleunigt. Die ökonomischen, sozialen und politischen Folgen durchdringen alle Teilbereiche der Gesellschaft. Neben positiven Entwicklungen zeichnen sich Gefahren ab, etwa eine wachsende technologische Arbeitslosigkeit und eine sozialunverträgliche Durchdringung der Gesellschaft mit elektronischen Medien und elektronischer Informationsverarbeitung. Aber es bestehen Chancen, die Entwicklung zu steuern. Dazu bedarf es einer breiten öffentlichen Diskussion auf der Grundlage besserer Kenntnisse über die Problemzusammenhänge und Gestaltungsalternativen. Die Interessen aller vom technischen Wandel Betroffenen müssen angemessen berücksichtigt werden, die technische Entwicklung muß dem Sozialstaatspostulat verpflichtet bleiben. Es geht um sozialverträgliche Technikgestaltung.
Die Schriftenreihe „Sozialverträgliche Technikgestaltung" ist ein Angebot des Ministeriums für Arbeit, Gesundheit und Soziales, Erkenntnisse und Einsichten zur Diskussion zu stellen. Es entspricht der Natur eines Diskussionsforums, daß die Beiträge die Meinung der Autoren wiedergeben. Sie stimmen nicht unbedingt mit der Auffassung des Herausgebers überein.

Ansgar Pieper · Josef Strötgen

Produktive Arbeitsorganisation

Handbuch für die Betriebspraxis

2. Auflage

Westdeutscher Verlag

Die Deutsche Bibliothek – CIP-Einheitsaufnahme

Pieper, Ansgar:
Produktive Arbeitsorganisation: Handbuch für die
Betriebspraxis / Ansgar Pieper; Josef Strötgen.
– 2. Aufl. – Opladen: Westdt. Verl., 1993
   (Sozialverträgliche Technikgestaltung:
   Materialien und Berichte; Bd. Nr. 35)
   ISBN 3-531-12437-4

NE: Strötgen, Josef:; Sozialverträgliche
Technikgestaltung / Materialien und Berichte

2. Auflage 1993
Die 1. Auflage erschien 1990 in der
Deutschen Instituts-Verlag GmbH, Köln

Umschlaggestaltung: Hansen Werbeagentur GmbH, Köln
Druck und buchbinderische Verarbeitung: Langelüddecke, Braunschweig
Gedruckt auf säurefreiem Papier
Printed in Germany

ISBN 3-531-12437-4

Inhalt

B Planungshilfen

Vorwort

Von einem guten Handbuch erwartet der Praktiker, daß es ihm klare und eindeutige Entscheidungshilfen für unklare Situationen liefert.

Jetzt aber hält er ein Buch in der Hand, welches seinem Leser erst einmal zeigen will, daß er sich bei der Planung einer Investition in rechnergestützte Techniken noch viel mehr Gedanken machen sollte, und dazu auch noch zu ganz anderen Fragen, als er es vorher annahm.

Obwohl dieses Buch die Summe der Probleme zunächst vergrößert anstatt sie zu verringern, hoffen seine Verfasser dennoch, daß es dem Praktiker hilft, die Chancen der "neuen" Techniken besser zu nutzen. Es soll nämlich an echten Fallbeispielen deutlich gemacht werden, welche enormen Produktivitätsreserven in der Arbeitsorganisation unserer Fabriken liegen und wie sie mit Unterstützung durch die Technik (aber oft auch ohne neue Investitionen) geweckt werden können.

Schon viele Betriebe haben erfahren müssen, daß es nicht immer die umfassenden EDV-Systeme sind, die ein Unternehmen optimal steuern; oft können die Mitarbeiter an der Basis das besser und dazu noch billiger. Es gibt Betriebe, die durch die Rücknahme der zentralen Fertigungssteuerung auf ein absolutes Minimum die Durchlaufzeiten auf die Hälfte und die Gesamtkosten um zehn Prozent reduzieren konnten. Solche Fälle sind in diesem Buch geschildert.

Es sind aber auch weniger spektakuläre Beispiele dokumentiert, die zeigen, daß der Einsatz einer Technik sehr verschiedenartig sein kann: zum Beispiel können beim Einsatz von CNC-Maschinen die Programmierung oder die Feinplanung auf sehr unterschiedliche Weisen organisiert sein.

Moderne Organisationsprinzipien bedeuten oftmals einschneidende Veränderungen in der gewachsenen Struktur eines Betriebes. Kaum einer der untersuchten Betriebe blieb dabei von Schwierigkeiten verschont, denn organisatorische Probleme sind immer auch personelle Probleme.

Dieses Buch baut auf 15 Fallbeispielen auf, von denen eines ausführlicher referiert wird und die übrigen 14 in schematisierter Form. Die Beispiele zeigen, daß die Betriebe bei allen Ähnlichkeiten sehr unterschiedliche Lösungen gefunden haben und daß es deshalb nicht sinnvoll ist, einfache und leicht zu handhabende Rezepte für die konkrete Gestaltung von Arbeitsstrukturen zu liefern.

Die Autoren sehen daher den Zweck dieses Buches schon dann als erfüllt an, wenn es den Leser dazu bringt, sich Gedanken über die Organisation seines eigenen Betriebes zu machen, und wenn er sich in der praktischen Planungsarbeit dafür engagiert, daß die Planung von Technik synchron mit der Planung von Organisation und Qualifizierung verläuft. Um dies etwas zu erleichtern, werden im letzten Teil dieser Arbeit einige einfache Instrumente vorgestellt, mit denen verschiedene Lösungen für den eigenen Betrieb auf dem Papier durchgespielt werden können. Da diese Lösungen auch als Zieldefinitionen für eine Personalentwicklung zu verstehen sind, werden einige Hilfen für eine erste Abschätzung des Qualifizierungsaufwandes gegeben. Insofern soll der Leser wieder etwas versöhnt werden: Nachdem ihm zunächst seine Situation und Aufgabe vielleicht komplexer definiert wurden als er sie selber sah, werden ihm zum Ende doch noch einige Formulare angeboten, wie er es von einem Handbuch erwarten kann.

Dieses Buch entstand aus einem Weiterbildungskonzept für betriebliche Führungskräfte, welches im Institut der deutschen Wirtschaft entwickelt wurde und mittlerweile bei verschiedenen Trägern beruflicher Weiterbildung eingesetzt wird; es kann allen Interessierten zur Verfügung gestellt werden.

Das gesamte Konzept und dieses Buch wären nicht möglich gewesen ohne die Hilfe des Landes Nordrhein-Westfalen, welches das Projekt aus den Mitteln des Programmes "Sozialverträgliche Technikgestaltung" finanzierte.
Vor allem aber wäre es nicht ohne die Mitwirkung der Betriebe möglich gewesen, bei denen wir die Fallbeispiele erheben konnten.
Ihnen gilt unser ganz besonderer Dank.

Die erste Auflage erschien unter dem dem gleichen Titel im Deutschen Instituts-Verlag, Köln. Sie wurde im Textteil an einigen Stellen überarbeitet und um drei Fallbeispiele erweitert.

Köln, Oktober 1991

Ansgar Pieper
Josef Strötgen

1 Der Fall Müller, Meier und Schulze

Jeder weiß, daß man sich nicht wie der Baron von Münchhausen am eigenen Zopfe aus dem Sumpf ziehen kann. Aber wenn man den Zopf abschneidet, dann könnte daraus vielleicht doch das rettende Seil werden.

Eine mittelständische Maschinenfabrik - wir wollen sie hier 'Müller, Meier und Schulze', kurz 'MMS' nennen - führte vor, wie man sich retten kann, wenn man Zöpfe abschneidet. Der Fall hat sich ziemlich genau so zugetragen, wie er hier geschildert wird.

Das traditionsreiche Unternehmen mit ca. 500 Mitarbeitern stand Ende 1983 kurz vor dem Ruin.

Konkurs oder Radikalkur

Rückläufige Auftragseingänge, eine zu frühe Produkteinführung und insgesamt zu hohe Kosten hatten den Betrieb an einen Punkt gebracht, an dem er nur noch zwischen einem kurzfristigen Konkurs oder einer Radikalkur als letzter Chance wählen konnte.

Die Geschäftsleitung und die Führungskräfte wagten die Radikalkur und begannen ein Sanierungskonzept auszuarbeiten. Hilfe von außen war nicht zu erwarten. Sie waren dazu verurteilt, sich aus eigener Kraft vor dem Untergang zu retten.

Ansatzpunkt: die indirekten Bereiche

Es mußten in ganz erheblichem Maße Kosten eingespart werden, ohne daß die Leistungsfähigkeit darunter litt. Die Produktionsarbeit selbst war schon gut durchrationalisiert. Reserven sah man deshalb nur noch in den unproduktiven Tätigkeiten und in organisatorischen Doppelarbeiten.

Aus dieser Vermutung entwickelte sich eine ganz einfache Frage, die aber schließlich dem Betrieb das Leben rettete:

Warum funktioniert eigentlich ein Handwerksbetrieb mit 20 Mann ohne Arbeitsvorbereitung so gut? Und warum funktioniert ein Industriebetrieb trotz bester Maschinenausstattung und exakter Arbeitsvorbereitung so schlecht?

Arbeitsvorbereitung im Handwerk und im Industriebetrieb

Die Antwort war zunächst klar: Im Handwerksbetrieb teilt der Chef die Leute auf die Aufträge ein. Jeder weiß, was vor Ort zu tun ist, kümmert sich um Werkzeug und Material und geht los. Arbeitsvorbereitung und Fertigungssteuerung finden in den Köpfen der Leute statt, die die Arbeit tun. Im Industriebetrieb mit klassischer Werkstattfertigung jedoch muß ein Auftrag durch viele einzelne Stellen und Abteilungen laufen. Die Dreherei dreht, die Fräserei fräst, und nur die Arbeitsvorbereitung weiß, wie die einzelnen Werkstattaufträge zusammengehören.

Allein in der Arbeitsvorbereitung beschäftigte MMS ca. 50 Mann nur mit dem, was der Handwerker neben seiner Arbeit im Kopfe miterledigt. Die EDV ist ebenfalls zu 80 Prozent mit Planung und Steuerung beschäftigt, damit die Produktion möglichst von diesen Tätigkeiten entlastet wird. Die Kosten für diese indirekten Bereiche waren in den letzten Jahren kontinuierlich und überproportional angestiegen.

Für 6 produzierende Abteilungen sind 10 indirekte nötig

Für insgesamt 6 produzierende Bereiche (Drehen, Fräsen/Bohren, Fräswerke, Verzahnungen, Schleiferei, Sonderfertigung) wurden bei MMS außer der Maschineninstandhaltung insgesamt 10 indirekte Bereiche benötigt: Arbeitsplanung, NC-Programmierung, Betriebsmittelkonstruktion, Werkzeugplanung, Zeichnungsverwaltung, Fertigungssteuerung, Transport, Teileprüfung, Wareneingangskontrolle, Disposition und Lager.

Planung und Steuerung zurück in die Produktion

Das Sanierungsteam der MMS sah die einzige Chance zur Rettung des Unternehmens in der Verminderung dieser indirekten Kosten. Die Lösung konnte nur darin bestehen, planende und steuernde Tätigkeiten so weit als möglich wieder in die Fertigung zurückzuverlagern.

Abbildung 1

**Organisation der Fertigung
Alter Zustand: Werkstattprinzip**

**So konnte es nicht
weitergehen**

Das aber bedeutete eine radikale Veränderung der gesamten Organisation. Angesichts der akuten Notlage beschloß die Geschäftsleitung, den Sprung zu wagen und die Umorganisation zum Kernstück des Sanierungskonzeptes zu machen.

**Teilefamilien
und
Fertigungsinseln**

Es stellte sich sehr schnell heraus, daß eine solche Umorganisation nicht möglich war, ohne das auch bei MMS praktizierte Prinzip der Werkstattfertigung aufzugeben.

Der angestrebte Effekt, die Kosten der zentralen Steuerung radikal zu vermindern, war nur dann zu erreichen, wenn das gesamte Teilespektrum der Firma in wenige große Teilefamilien aufgegliedert wurde.

Für jede Teilefamilie war sodann ein gesonderter Verantwortungsbereich zu schaffen, in dem die Teile möglichst komplett bearbeitet werden können, ohne daß sie zwischenzeitlich den Bereich verlassen müssen.

Die zentrale Rahmenplanung durfte nur relativ wenige Daten für die einzelnen Fertigungsbereiche umfassen. Diese Bereiche, die wie kleine Betriebe im Betrieb oder wie selbständige Inseln zu organisieren waren, sollten ihre internen Steuerungs- und Dispositionsprobleme möglichst autonom regeln.

Erwartungen

Von einer solchen organisatorischen Lösung versprach man sich

- die Senkung der Fixkosten,
- die Verringerung der Durchlaufzeiten,
- die Verbesserung der Flexibilität,
- die Verringerung der Lagerbestände,
  besonders bei den Halbfabrikaten.

Außerdem erwartete man eine verbesserte Motivation der Mitarbeiter, da deren Arbeitsplätze durch eine größere Aufgabenvielfalt und vor allem auch durch die Übernahme planender und dispositiver Tätigkeiten interessanter würden.

6 Fertigungsinseln

Innerhalb eines halben Jahres hatte man die Lösung gefunden: Die Fertigung, die vorher in 18 Einheiten aufgeteilt war, ist nun in 6 Fertigungsinseln gegliedert.

Gliederung nach dem Objektprinzip

Wie schon aus der Bezeichnung der Inseln ersichtlich, sind sie nicht nach Bearbeitungsgängen oder Funktionen organisiert, sondern nach dem Objektprinzip, also nach Produkten: Großteile, kubische Teile, Rotationsteile, Sonderfertigung, Verzahnung und Klimafertigung.

Abbildung 2

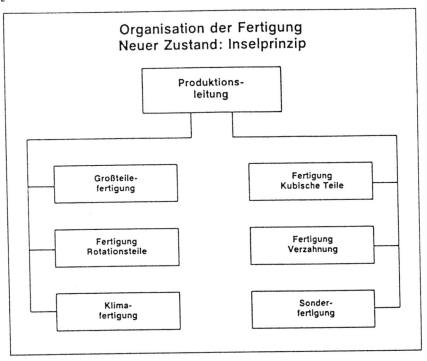

Organisation der Fertigung
Neuer Zustand: Inselprinzip

Produktions-
leitung

Großteile-
fertigung

Fertigung
Kubische Teile

Fertigung
Rotationsteile

Fertigung
Verzahnung

Klima-
fertigung

Sonder-
fertigung

**Komplettfertigung
in der Insel**

Jede dieser Inseln ist für die komplette Bearbeitung der Teile verantwortlich. Dazu sind alle notwendigen Betriebsmittel in der Insel vorhanden. Drehen, Fräsen, Schleifen, Messen usw. sind nicht mehr in getrennten Abteilungen untergebracht, sondern jede Insel verfügt über alle Techniken, die für das zu fertigende Teilespektrum benötigt werden. Die Anzahl der Arbeitsplätze ist größer als die Anzahl der Arbeitskräfte: Die Mitarbeiter wandern mit den Teilen zu den Maschinen. Die räumliche Zuordnung der Maschinen erfolgte nach dem Prinzip der kurzen Wege unter Vermeidung von Zwischenlagern.

Ergebnisse

Es dauerte etwa ein halbes Jahr, bis die Umstellung der Fertigung auf das neue Prinzip durchgeführt war. Nach einem weiteren halben Jahr hatten sich die Durchlaufzeiten der Aufträge halbiert, ebenso die Bestände der Halbfabrikate. Die Pro-Kopfleistung stieg um 44 Prozent, der Anteil des indirekten Personals in der Fertigung sank von 45 Prozent auf 29 Prozent, Termintreue und Flexibilität waren stark verbessert.

Abbildung 3

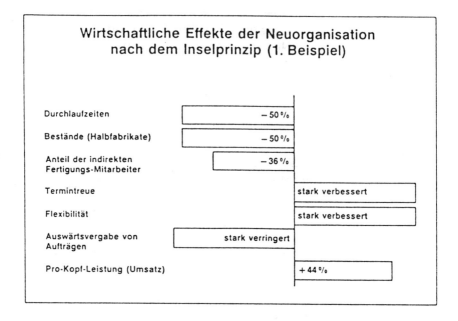

Wirtschaftliche Effekte der Neuorganisation nach dem Inselprinzip (1. Beispiel)

Durchlaufzeiten	− 50 %
Bestände (Halbfabrikate)	− 50 %
Anteil der indirekten Fertigungs-Mitarbeiter	− 36 %
Termintreue	stark verbessert
Flexibilität	stark verbessert
Auswärtsvergabe von Aufträgen	stark verringert
Pro-Kopf-Leistung (Umsatz)	+ 44 %

Durch die organisatorische Umstellung wurden so viele Kapazitätsreserven sichtbar, daß die Auswärtsvergabe von Aufträgen zurückgenommen werden konnte.

Insgesamt wirkten sich die Maßnahmen so positiv auf das Betriebsergebnis aus, daß das Unternehmen wieder als erfolgreicher und solide finanzierter Betrieb dasteht und inzwischen seine Marktstellung weiter ausbauen konnte.

Der Alte Zopf

Die Firma MMS hatte kurz entschlossen einen alten langen Zopf abgeschnitten, einen Zopf, an den wir uns seit Jahrzehnten so gewöhnt haben, daß wir ihn schon gar nicht mehr bemerken: Das arbeitsteilige Organisationsprinzip.

Vor der Umstrukturierung war MMS in der typischen Werkstattfertigung organisiert: Die Funktionen Drehen, Fräsen, Bohren etc. waren jeweils in eigenen Abteilungen zusammengefaßt. Jeder produzierende Bereich mußte mit Material, Werkzeug und Information versorgt werden, deren rechtzeitige und vollständige Bereitstellung zu organisieren war; überspitzt formuliert: Die Produktion hatte zu produzieren, gedacht wurde nur im Büro.

Jeder Auftrag mit mehreren verschiedenen Bearbeitungsgängen mußte mehrere Abteilungen durchlaufen. Jeder Übergang zwischen den Abteilungen war planerisch zu erfassen und zu steuern.

Arbeitsteilige Organisation und sinkende Losgrößen

Der Grundgedanke, daß durch Spezialisierung der Mitarbeiter und der Betriebsmittel die Effizienz und die Produktivität der Abteilungen steigen, ist ja nicht generell falsch. Das Prinzip ist umso richtiger, je mehr sich die Fertigung der Massenproduktion nähert: Je höher die Losgrößen sind und je geringer die Anzahl der Bauteile, desto rationeller ist diese arbeitsteilige Produktion und desto einfacher ist auch die Steuerung der Fertigung.

Aber wie bei fast allen Betrieben sanken auch bei MMS die Seriengrößen; die Lieferfristen wurden immer kürzer, jeder Kunde wollte möglichst sofort seine individuelle Lösung. Solche Entwicklungen können sehr schnell dazu führen, daß der Rationalisierungsgewinn der Spezialisierung von den Kosten für die Steuerung überholt wird.

Abteilungsegoismus

Jeder kennt das Problem, daß eine Abteilung zunächst ein Interesse daran hat, ihre eigenen Abläufe zu optimieren. Aber die Summe aller Einzeloptima ist noch lange nicht das Gesamtoptimum: Der Einkauf kauft gern große Lose, das drückt den Preis. Der Kostenrechner will kleine, das drückt die Kapitalbindung. Die Werkstatt will große, gleichförmige Serien, das gibt Ruhe in der Fertigung und gute Akkorde. Der Verkauf will kleine Serien, die schnell lieferbar sind, das bringt zufriedene Kunden.

Um diese divergierenden Interessen auf das gemeinsame Ziel hin auszurichten, werden immer umfangreichere Steuerungsabteilungen eingesetzt. So wie sich die Dreherei auf das Drehen beschränkt und nicht recht weiß, mit welchen Problemen die Fräserei kämpft, wollen auch die Steuerungsabteilungen immer perfektere, umfassendere und detailliertere Steuerungen installieren. Die Informationswege werden dazu stärker kanalisiert und formalisiert.

Transparenz ist nicht immer effizient

Im perfekt organisierten Betrieb kann der Maschinenarbeiter, der ein Lager heulen hört, nicht eben seinem Skatfreund aus der Schlosserei bescheidsagen, daß der schnell mal zwischendurch das Lager auswechselt, bevor es ganz ausgelaufen ist. Nein, in einem ordentlichen Betrieb sagt es der Maschinenarbeiter dem Meister, der den Leiter der Wartung und Instandhaltung informiert. Dort wird dann ein Reparaturauftrag ausgefertigt und eingeplant. Exakt zum geplanten Termin erscheint dann der Schlosser an der Maschine, die schon seit 2 Stunden blockiert, und wechselt mit dem Lager noch gleich die Welle aus, denn die ist mittlerweile auch hin. Die Reparatur ist jetzt zwar erheblich teurer, und der Maschinenstillstand dauerte einige Stunden länger, dafür ist aber der Reparaturfall exakt abrechenbar.

Für die Kostentransparenz ist ein stark formalisiertes Verfahren besser, für die Kostenhöhe aber stellt der informelle Kontakt zwischen Maschinenarbeiter und Schlosser das bessere Störungsmanagement dar. Und die Mitarbeiter im Betrieb sehen das auch. Würden sie sonst so oft das formale System unterlaufen und sich schnell neue Rohteile besorgen, wenn in dem Los mal mehr Lunker sind als das die Arbeitsvorbereitung (AV) vorhergesehen hat? Die EDV der Fertigungssteuerung ist oft noch damit beschäftigt, die Feinterminierung umzurechnen und an die neue Situation anzupassen, wenn der Werker an der Maschine das neu besorgte Rohteil schon längst unter Span hat.

Und wer unterläuft nicht auch das System, wenn er irgendjemanden kennt, über den man per Telefon in ein paar Minuten die Informationen bekommt, auf die man auf dem Dienstwege 2 Tage warten müßte - wenn man sie überhaupt bekommt?

**Steuerungs-
abteilungen
erzeugen ihren
eigenen
Steuerungsbedarf**

Unser gewohntes Organisationsprinzip hat sich seit Beginn dieses Jahrhunderts alle Mühe gegeben, die persönlichen und direkten Formen der Disposition und Planung aus der Produktion zu verdrängen, sie zu formalisierten und zu spezialisierten Aufgaben zu machen. Die EDV bietet hervorragende Möglichkeiten, diese Aufgaben immer weiter zu detaillieren. Und so entstehen mächtige Planungs- und Steuerungshierarchien mit immer weniger durchschaubaren Algorithmen.

Nur, die Aufgabe eines Betriebes ist nicht die Produktion von Steuerungsdaten und die Erzeugung von totaler Transparenz, sondern die kostengünstige und termingerechte Herstellung marktgerechter Qualitätsprodukte. Ob dabei Planung und Steuerung wirklich das Optimum errechnet haben, bleibt manchmal ungewiß; oft kann keiner mehr genau nachvollziehen, was das System nun wie optimiert hat.

**Totalplanung
engt die
Flexibilität ein**

Je mehr sich ein Betrieb der zentral gesteuerten Totalplanung nähert, umso abhängiger macht er sich von seinem Steuerungssystem. Die Fähigkeit des Betriebes, sich an Änderungen des Marktes oder auch an interne Notwendigkeiten anzupassen, reicht gerade so weit wie die Phantasie desjenigen, der das System entworfen hat.

**Steuerungskosten
wachsen
exponentiell**

Je detaillierter ein System angelegt ist, umso größer ist auch sein Datenhunger. Mit der Komplexität des Systems, mit der Detaillierung der Vorgaben und mit der Zahl der zu planenden und zu steuernden Abteilungen, Arbeitsplätze und Verrichtungen wächst der Aufwand für die Generierung und die Verarbeitung von Daten exponentiell; jedes zu steuernde organisatorische Element bedingt Informationsschnittstellen für den Daten-Input und den -Output.

**Detailplanung
verdrängt
Eigeninitiative**

Jede Abweichung vom Planungs-Input wird als Fehler
interpretiert. So werden die Mitarbeiter konsequent
dazu erzogen, jede Eigeninitiative und Verantwortung
an die Planung abzutreten. Nicht mehr das Denken ist
gefragt, sondern die Befolgung von Anweisungen.

Die Fertigungsinsel als Ausweg

**Anzahl der
Schnittstellen**

Einen Weg aus dieser Sackgasse bietet die Verringerung der Anzahl organisatorischer Schnittstellen, also
der Anzahl der zentral zu steuernden Elemente. Die
Elemente selbst müssen in der Abwicklung ihres internen Steuerungsbedarfes relativ unabhängig vom
Gesamtsystem sein.

Das Gesamtsystem darf dabei nur Rahmendaten (z.B.
über Mengen und Termine) vorgeben, und nur die
Einhaltung dieser Rahmendaten ist vom Steuerungssystem zu überwachen.

MMS schuf sich eine Organisationsform, die die Zahl
der Schnittstellen drastisch verringerte und damit den
Steuerungsaufwand reduzierte. Der Anteil des direkt
produzierenden Personals mußte erhöht werden: Die
Mitarbeiter der Arbeitsvorbereitung waren in der
Regel hervorragende Fachleute, die aus der Fertigung
kamen und die man eigentlich in der Produktion viel
sinnvoller einsetzen könnte als mit dem Denken für
andere.

**Weiter
Autonomiebereich
der Gruppe**

Die neuen Arbeitsgruppen sind weitgehend autonom.
Zu ihrem Aufgabenbereich gehören die Erstellung
von Arbeitsplänen, Feinterminierung der Aufträge,
Reihenfolgeplanung, CNC-Programmierung, der
Transport und die Qualitätskontrolle der

gefertigten Teile; man holte möglichst viele der begleitenden Tätigkeiten in die direkte Produktion und verminderte so die Menge der Vorgaben und Kontrollen.

Externe Steuerung über Rahmendaten

Liegt die Feinterminierung in der Verantwortung derjenigen, die die Produktion durchführen, dann genügt eine zentrale Vorgabe von Rahmenterminen und auch nur die Einhaltung dieser Rahmen muß zentral kontrolliert werden. Zum Transport normal großer Werkstücke zwischen zwei zusammenarbeitenden Arbeitsstationen genügen oft Sichtkontakt und ein Hubwagen; zur Planung und Steuerung reichen die Absprachen zwischen den Mitarbeitern aus.

Abbildung 4

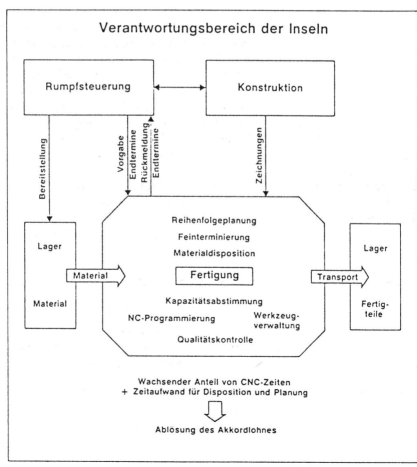

**Vom Akkord
zum Zeitlohn**

Die Planung und Steuerung vor Ort, Transport- und Kontrollaufgaben kosten natürlich die Zeit der Mitarbeiter. Diese 'unproduktiven' Zeiten sind nur schlecht berechenbar. Ebenso nimmt der Anteil nicht beeinflußbarer Zeiten in der Fertigung durch den Einsatz von CNC stark zu.

Beide Entwicklungen führten die Firma MMS dazu, das früher übliche Akkordsystem durch ein reines Zeitlohnsystem zu ersetzen. Solche radikalen Änderungen sind normalerweise nicht problemlos zu erreichen. Darüber wird später noch kurz zu berichten sein.

**Interne Steuerung
nach dem Prinzip
des Kleinbetriebes**

Natürlich brauchen auch die relativ autonomen Gruppen einer Fertigungsinsel ihre interne Steuerung. Da in einer solchen Insel im Normalfall maximal etwa 20 Mann arbeiten, hat sie gerade noch die richtige Größe, um mit dem Aufwand eines Kleinbetriebes gesteuert zu werden: Der Kleinbetrieb arbeitet in der Regel ohne ausgefeilte Feinterminierungs- und Optimierungssysteme. Das Tages- oder Wochenprogramm wird anhand der anstehenden Aufträge in einer kurzen Besprechung festgelegt. Mögliche Probleme werden dabei gleich mitbesprochen, das Personal wird eingeteilt, jeder weiß Bescheid.

**Auftragsdurchlauf
in der
Fertigungsinsel**

Wie sieht nun ein Auftragsdurchlauf nach der Umorganisation bei MMS praktisch aus?

Sonderteile und Serienteile werden verschieden behandelt:

Sonderteile

Bei Sonderteilen oder Einmalteilen wird die Zeichnung von der Pauserei direkt in die Insel 'Sonderfertigung' gegeben. Dort werden Arbeitspläne und NC-Programme für die Teile erstellt. Die NC-Programme werden bei echten Einmalteilen nicht archiviert und nach Fertigungsende gelöscht.

Serienteile

Serienteile erhalten vom Einkauf ein Meisterkennzeichen (= Kennzeichen der Fertigungsinsel).

Abbildung 5

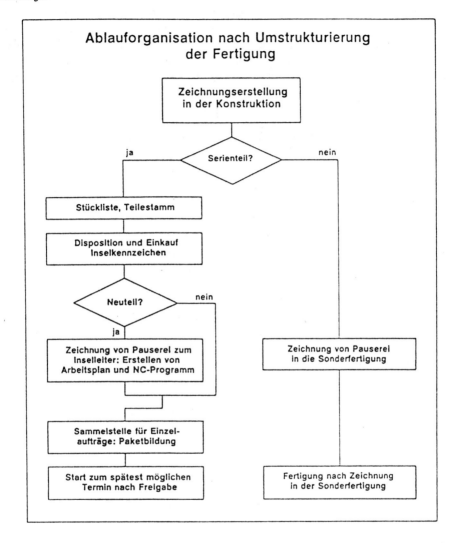

Ablauforganisation nach Umstrukturierung
der Fertigung

Zeichnungserstellung
in der Konstruktion

ja — Serienteil? — nein

Stückliste, Teilestamm

Disposition und Einkauf
Inselkennzeichen

Neuteil? — nein

ja

Zeichnung von Pauserei zum
Inselleiter: Erstellen von
Arbeitsplan und NC-Programm

Zeichnung von Pauserei
in die Sonderfertigung

Sammelstelle für Einzel-
aufträge: Paketbildung

Start zum spätest möglichen
Termin nach Freigabe

Fertigung nach Zeichnung
in der Sonderfertigung

Handelt es sich um Neuteile, kommt die Zeichnung von der Pauserei zum Meister (= Inselleiter). In der Fertigungsinsel werden Arbeitspläne und NC-Programme erstellt und archiviert.

**Bündelung der
Einzelaufträge**

Einzelaufträge werden für jede Insel in Sammelstellen zu Paketen (ca. 100 Aufträge) gebündelt und zum spätestmöglichen Zeitpunkt in die Fertigung eingelastet. Diese späte Einlastung hat den Vorteil, daß bei Änderungen eines Einzelteils der Gesamtauftrag entsprechend verschoben werden kann.

Transparenz des Systems

Dadurch, daß die Gruppe klein ist und die Teile in vielen Bearbeitungsstationen komplett bearbeitet, ist alles überschaubar: Jeder kann die Folgen eigener Fehler direkt sehen; nicht mehr ein Fehlerprotokoll der Qualitätssicherung macht auf Fehler aufmerksam, sondern vielleicht der Kollege, der 3 Meter weiter Probleme mit dem Teil bekommt.

Oft entstehen Schwierigkeiten ja erst dadurch, daß die Mitarbeiter nicht miteinander Kontakt haben: Aus einem Betrieb wird berichtet, daß ein Fräser ständig Ärger mit einer Schweißnaht hatte und das für unabänderlich hielt. Eine Änderung wäre nur auf dem Weg Fräsereimeister - Schweißereimeister - Schweißer möglich gewesen. Erst wenn der Fräser und der Schweißer in einer Fertigungsinsel zusammenarbeiten, hat der Schweißer überhaupt eine Chance, von dem Problem zu erfahren und einfach die Nahtform zu ändern. [1]

Keine DV-Steuerung, sondern Absprachen mit DV-Unterstützung

Die interne Steuerung der Fertigungsinsel braucht in der Regel keine eigene DV. Es hat sich gezeigt, daß das direkte Gespräch, die persönliche Absprache weit effizienter ist als integrierte DV-Programme. Wichtig ist nur, daß allen Inselmitarbeitern die benötigten Informationen über EDV aktuell zur Verfügung stehen. Die Datenverarbeitung unterstützt dabei die internen Planungen der Mitarbeiter, sie schreibt sie ihnen aber nicht vor.

Diese Unterstützung kann z.B. dadurch geschehen, daß der Inselleiter zusammen mit der Gesamtsteuerung eine Rumpfplanung über 14 Tage erstellt, wobei die erste Woche verbindlich ist, die zweite Woche noch variabel. Die Wochenprogramme werden mit allen Inselmitarbeitern abgestimmt und feinterminiert. Diese sind auch verantwortlich für die Einhaltung der vereinbarten Endtermine.

Jeder Mitarbeiter kann aus der Steuerung den Arbeitsvorrat der Insel für die nächsten 2 Wochen abrufen. Jeder Auftrag ist mit einer Prioritätenkennung versehen, die sich von Tag zu Tag erhöht. Das

---

[1] Vgl.: Klingenberg und Kränzle, 1987, S. 10

erleichtert die Arbeit der Inselmitarbeiter. Gemeldet wird jedoch nicht die Einhaltung der Prioritäten, sondern nur die Fertigstellung des Gesamtauftrages. [2]

Die Meldung kann über BDE-Systeme erfolgen. Ist der Zeitpunkt der Meldung in das Belieben der Insel gestellt, dann kann sie auch beeinflussen, wie genau sie vom Fertigungs-Informationssystem unterstützt und unterrichtet wird.

Feinterminierung in der Insel

Die Insel kann innerhalb des Arbeitsvorrates von einigen Wochen die Feinterminierung unter Berücksichtigung des vorgegebenen Terminrahmens selbst durchführen.

Dazu steht der Inselleitung am Arbeitsplatz ein Online-Zugang zur Steuerung zur Verfügung. Der Meister kann sich jederzeit über den Stand der Aufträge und der Planungen informieren. Kontrollen von außen erfolgen nur über wöchentliche grobe Kapazitätsbetrachtungen und über die Einhaltung von Endterminen. Wesentlich für das Funktionieren dieser Fertigungssteuerung ist es, daß sie zeitraumbezogen (nicht zeitpunktbezogen) konzipiert ist.

Ein großer Teil der zuvor in die Arbeitsvorbereitung abgewanderten Facharbeiter ist in die Produktion zurückgekehrt und bringt dort das Planungswissen in die direkte Fertigung ein. Ehemalige Planer stehen selbst wieder an den Maschinen.

Gegenseitige Vertretung

Die Arbeitsbereiche der Mitarbeiter innerhalb der Insel sind nicht mehr so stark von einander abgegrenzt wie zuvor. Jeder Mitarbeiter sollte im Prinzip jeden anderen vertreten können. Disposition und Transport sind gemeinsame Aufgaben. Jeder ist für die Qualitätsprüfung seiner Teile selbst verantwortlich.

---

[2] ebd. S.16

Erfahrungen eines anderes Betriebes

Ein anderer Betrieb (Elektrogerätefertigung) mit
Klein- und Mittelserien hat ähnlich gute Erfahrungen
gemacht: [3]

Die Durchlaufzeit konnte von durchschnittlich 9 Wochen auf einen Monat reduziert werden, die Bestände
sanken um 30 Prozent, damit auch das gebundene
Umlaufkapital um 20 Prozent (was bei diesem Betrieb immerhin 7 Millionen DM zusätzliche Liquidität
bedeutete).

Abbildung 6

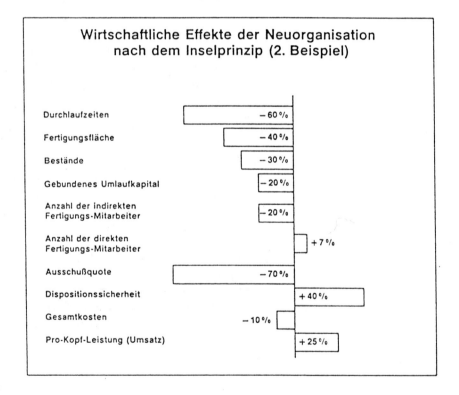

_____

[3] Vgl. Fallbeispiel 1 (Fertigungsinsel Elektrogerätebau)

Kostensenkung

Die Ausschußquote in einem wichtigen Teilbereich (Kunststoffteile) wurde von insgesamt 4 auf 3 Prozent (also um anteilsmäßig über 70 Prozent) gesenkt.

Durch die Zusammenlegung der Maschinen nach dem Fertigungsfluß und durch den Wegfall vieler Materialpuffer und Transportwege konnte der Bedarf an Fertigungsflächen um 40 Prozent verringert werden.

Während die Anzahl der direkten Fertigungsmitarbeiter um 7 Prozent stieg, nahm die Zahl der indirekten um 20 Prozent ab.

Dadurch konnte der Umsatz pro Kopf um 25 Prozent gesteigert werden.

Die Gesamtkosten des Werkes nahmen um 10 Prozent ab.

Die verkürzten Planungszeiträume machten sich auch in der Dispositionssicherheit bemerkbar: Während früher nur 10 Prozent der Werksauslastung zum Dispositionszeitpunkt durch Kundenaufträge gedeckt waren, ist dieser Wert auf 50 Prozent gestiegen: Die Disposition auf Verdacht wird zunehmend ersetzt durch die Disposition nach Auftrag.

Rentabilität wiederhergestellt

Durch diese organisatorischen Maßnahmen konnte sich auch dieses Werk aus einem Verlustbetrieb wieder in ein sehr rentables Unternehmen verwandeln.

Bewertung der Fertigungsinsel

**Merkmale der
Fertigungsinsel**

Wesentlich ist allen Fertigungsinseln und ähnlichen Konzepten, daß

1. sie von der Struktur her Fabriken in der Fabrik darstellen, in denen jeweils ähnliche Teilespektren möglichst komplett bearbeitet werden,

2. diese Fabrik vom übergeordneten Steuerungssystem nur eine Rahmenplanung vorgegeben bekommt,

3. die Feinplanung innerhalb des Rahmenplanes in eigener Verantwortung der Gruppe übernommen und nur die Fertigstellung kompletter Aufträge gemeldet wird,

4. für diese Feinplanung und -abstimmung das persönliche Gespräch der Inselmitglieder das wesentliche Informationsmedium ist und auf EDV dabei nur insoweit zurückgegriffen wird, als Informationen aus dem umfassenden Steuerungssystem benötigt werden.

**Erfolge der
Fertigungsinsel**

In den meisten Fällen, erzielten die Inseln bedeutende wirtschaftliche Erfolge:

Durch die Verringerung des Steuerungsaufwandes sanken die Gesamtkosten teilweise in erheblichem Maße; die Pro-Kopf-Leistung stieg stark an. Vor allem aber wurde die Durchlaufzeit in der Regel etwa halbiert. Damit sanken der Bestand an Halbfertigfabrikaten und auch die übrigen Lagerbestände. Dispositionen konnten erheblich gezielter erfolgen. Insgesamt nahm das in das Beständen gebundene Kapital ganz erheblich ab und konnte rentabler eingesetzt werden. Durch die breiteren Aufgabenzuschnitte der Mitarbeiter und ihre gestiegene Verantwortung verbesserte sich auch deren Motivation. Die Akzeptanz der Fertigungsinseln ist bei ihren Mitgliedern nach der Eingewöhnungsphase in der Regel sehr gut.

2 Alte Zöpfe sind oft zäh

Sonderfall der MMS

Solche Erfolge lassen sich jedoch nicht durch einen einfachen Beschluß der Geschäftsleitung über organisatorische Umstellungen erreichen. Dies trifft auch für die Firma MMS zu.

In Anbetracht der schwierigen Lage des Betriebes fiel es den Mitarbeitern aller Stufen des Unternehmens nicht allzu schwer, den geplanten Maßnahmen zuzustimmen - sie wurden als Ausweg aus einer zunächst hoffnungslos erscheinenden Lage akzeptiert.

Zeitdruck

Ein grundsätzliches Problem - aber auch eine große Chance - war der ungeheure Zeitdruck, unter dem man stand: Die Umstellung mußte als 'Crash-Aktion' ablaufen, denn man hatte weit weniger als ein Jahr Zeit - länger hätten die Reserven nicht mehr gereicht.

Die geringsten Probleme bereitete noch die grundsätzliche Akzeptanz der Umstellung auf eine produktnahe Inselfertigung. Als sehr arbeitsaufwendig, aber relativ unproblematisch erwies sich die Analyse des Teilespektrums und der Aufbau von Teilefamilien als die Kernstücke der Insel.

Umstellung auf Zeitlohn

Schwieriger war schon die Umstellung der Entlohnung von Leistungs- auf Zeitlohn. Normalerweise trifft man hier auf entschiedenen Widerstand, da der Betriebsrat seine Kompetenzen angegriffen sieht. Ergebnis der dann notwendigen Verhandlungen sind in der Regel auch meist keine reinen Zeitlohnsysteme, sondern Prämienlohnregelungen.

Angesichts der Lage der MMS ließ sich dort der Betriebsrat recht schnell auf ein reines Zeitlohnsystem einstimmen.

**Organisatorische
Erbhöfe**

Wesentlich größer war der Widerstand, der vor allem aus den Reihen des mittleren Managements gegen die Maßnahmen erwuchs. Hier wurden plötzlich organisatorische Erbhöfe infrage gestellt. Aber es war nicht nur immer der Egoismus von Stelleninhabern, die ihre Macht und Autorität gefährdet sahen, sondern oft auch ihr Unvermögen, sich auf eine andere Philosophie von Organisation und Führung konkret einzustellen.

Der Widerstand gegen die Maßnahmen war teils offen, teils verdeckt. Wo er nicht durch Überzeugungsarbeit abgebaut werden konnte, trennte sich der Betrieb von den betroffenen Mitarbeitern. Die Leitungsebene blieb davon nicht ausgenommen.

**Qualifikation
der Meister**

Ein weiteres Problempotential stellte die Qualifikation der Meister dar. Sie waren es nicht mehr gewohnt, Verantwortung zu tragen. Die Fertigungssteuerung, die Qualitätskontrolle, das Lager- und Transportwesen, die Disposition usw. hatten ihnen alle Verantwortung abgenommen. So waren sie zu reinen Disziplinarvorgesetzten geworden. Ihr Führungsverhalten war oft stark autoritär.

Auch hier mußte man sich von einigen uneinsichtigen Vorgesetzten trennen (was größtenteils auch mit den Mitteln der Frühpensionierung erfolgte).

Gleichzeitig schulte man ehemalige AV- Mitarbeiter (Ex-Produktions-Facharbeiter) auf die Meisterposition (jetzt: Inselleiter) und stärkte die Position des Meisters generell.

**Qualifikation
der Facharbeiter**

War man schon über die Qualifikation der Meister desillusioniert, so verstärkten sich diese Probleme noch bei den Facharbeitern: Durch jahrelange Spezialisierung auf kleine Teilarbeiten waren große Bereiche ihrer einstigen Facharbeiterqualifikation verschüttet. Sie konnten nur noch das, was sie jahrelang gemacht hatten. Es waren umfangreiche Nachschulungen nötig, mit denen man nicht gerechnet hatte.

Das Verantwortungsgefühl der Facharbeiter war nach oft jahrzehntelanger Gängelung durch Vorgesetzte, Steuerungssysteme und Qualitätskontrollen nur noch sehr schwach ausgeprägt: Die unvorbereitete Umstellung auf Eigenkontrolle und Eigenverantwortung erzeugte einen immensen Anstieg an Ausschuß. Die Facharbeiter waren es gewohnt, schlechte Teile zurückzubekommen; alles, was nicht zurückkam, war also gut.

Zu wenig Übersicht

Um sie wieder an das Bewußtsein für fehlerfreie Arbeit und Verantwortung zu gewöhnen, mußte ihnen erst mühsam Übersicht darüber vermittelt werden, welche Folgen ihre Fehler z.B. in der Montage haben können; erst danach sank die Ausschußquote wieder auf ein vertretbares Maß.

Bedarf an Nachschulung und Qualifizierung unterschätzt

Insgesamt hatte man den Bedarf an Weiterbildung und Qualifizierung des Personals unterschätzt: Je breiter die Tätigkeitsspektren der Mitarbeiter wurden, umso gravierender wurden die Wissenslücken, die sich durch die Spezialisierung gebildet hatten. Grundwissen über Techniken, Verfahren, Planung und Disposition war neu zu vermitteln bzw. wieder aufzufrischen.

Es zeigte sich immer wieder, daß gerade für die Arbeit an CNC-Maschinen das schnell angelernte Bedienungswissen nicht ausreichte: In dem Maße, in dem die Programmierung in die Inseln verlegt und auf möglichst viele Mitarbeiter verteilt wurde, waren Nachschulungen in Grundwissen über CNC-Technik und Programmierung notwendig.

Probleme des Produktionsverfahrens

Probleme, die eher in der Struktur der Verfahren begründet lagen, erzwangen Kompromisse: So konnte man für die Härterei nur das alte Organisationsprinzip beibehalten: zu härtende Teile müssen den Inselbereich für diesen Arbeitsgang verlassen und kehren nach der Behandlung wieder dorthin zurück.

Jedoch wäre früher für die Planung und Organisation dieser Schnittstelle die zentrale Fertigungssteuerung zuständig gewesen. Jetzt aber trägt die Insel die Ver-

antwortung für die rechtzeitige Rückkehr des Teils:
Im Prinzip der Gesamtverantwortlichkeit der Insel für
die Komplettbearbeitung des Teiles darf kein Bruch
entstehen.

Schwierigkeiten mit dem Steuerungssystem

Als eine weitere Quelle von Schwierigkeiten erwies
sich das Produktionsplanungs- und Steuerungssystem:
Es optimierte die Kapazitätsauslastung und störte
dadurch die Verwirklichung des Flußprinzipes. Durch
seine Zeitpunktorientierung war es nicht in der Lage,
die Optimierung des Fertigungsflusses über einen
Zeitraum zu organisieren. Das Unternehmen hatte
insofern Glück, als es möglich war, durch Verzicht auf
manche Möglichkeiten des Systems und relativ über-
schaubare Softwareänderungen das PPS-System um-
stellen zu können.

Bei einem anderen Unternehmen stellte das Lohnab-
rechnungssystem das große Hindernis dar: Es ließ für
die Fertigung nur Leistungslöhne, nicht aber Zeit-
löhne zu. Die Integration der Lohnabrechnung mit
der Betriebsbuchhaltung erforderte komplizierte Aus-
gleichsrechnungen, um sowohl den Bedürfnissen der
Buchhaltung als auch denen der Fertigungsinsel
gerecht werden zu können.

Mitwirkung betroffener Mitarbeiter

Bei allen auftretenden Schwierigkeiten erwies es sich
als sehr nützlich, daß die neuen Lösungen nicht nur
von oben vorgegeben wurden, sondern, daß die betroffenen Mitarbeiter ihre eigenen Erfahrungen und
Vorschläge in die Lösungen mit einbringen konnten.
Dadurch wurde nicht nur die Akzeptanz gegenüber
den Maßnahmen verbessert, sondern die intime
Kenntnis der Mitarbeiter über die alltäglichen Probleme führte dazu, daß manche geplante Lösung mo-
difiziert wurde.

Das Kappen alter Zöpfe hat sich gelohnt

Das konsequente Kappen alter Zöpfe und die Umstellung der Fertigung auf das Prinzip der Fertigungsinsel rettete das Unternehmen MMS vor dem
Untergang. Der Fertigungsfluß läuft erheblich ruhiger
als zuvor. Viele Störungen werden schon bei ihrer
Entstehung abgefangen und haben deshalb erheblich
weniger Folgen.

Die erweiterten Verantwortungsspielräume wurden von den Mitarbeitern nach anfänglichen Schwierigkeiten voll akzeptiert.

Das Prinzip, die Fähigkeiten der Mitarbeiter zu Disposition und Planung zu nutzen, statt sie durch zentrale Planung und Steuerung zu gängeln, erwies sich als so erfolgreich, daß man im Anschluß an die Umstellung der Fertigung auch die Montage auf eine ähnliche Weise umorganisiert hat.

Durch die Übernahme des gesamten Bereiches von der mechanischen Endmontage bis zur ersten Inbetriebnahme beim Kunden in die Gruppenverantwortung erwartet man eine wesentliche Verkürzung der Produktionszeiten und den Abbau von organisatorischen Reibungsverlusten.

Die verbesserte Lage macht die Umstellung schwieriger

Die Umstellung der Montage auf autonome Gruppenarbeit verläuft gegenüber der Umstellung der Fertigung allerdings erheblich langsamer und trifft auf mehr innerbetriebliche Widerstände: Die verbesserte wirtschaftliche Lage der Firma läßt gerade beim mittleren Management und beim Betriebsrat die Bereitschaft zur Änderung altgewohnter Arbeitsgebiete und Besitzstände sinken.

3 Die Philosophie des Technikeinsatzes

Das Konzept der Fertigungsinsel ist nicht nur im Zusammenhang mit neuen Techniken wie CNC, CAD/CAM, Roboter etc. zu sehen - es ist mit diesen Techniken oder auch ohne sie anwendbar; es ist ein organisatorisches Konzept, eine Philosophie, die von den Produktivkräften des Menschen ausgeht und die Technik als eine Unterstützung eben dieses Menschen einsetzt. In dieser Philosophie verfügt der Mensch allemal noch über mehr Flexibilität, Kreativität und Problemlösungspotential als die ausgeklügeltste EDV - man muß ihn nur lassen und auch ausreichend qualifizieren.

Abbildung 7

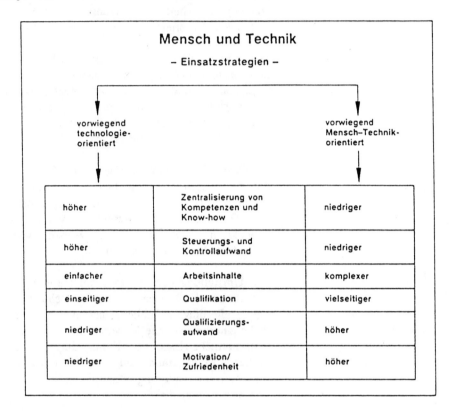

Die Frage nach der Philosophie des Technikeinsatzes stellt sich gerade bei den ersten Investitionen in neue Techniken. Was will der Betrieb, welches organisatorische Konzept strebt er an? Diese Frage ist früh im Planungsprozeß zu stellen, und sie ist auch früh zu entscheiden.

Die Entscheidung bestimmt die Arbeitsinhalte, die Qualifikationen und die Produktivität

Die Antwort auf diese Frage bestimmt die Art des Zusammenwirkens zwischen Mensch und Technik. Auch wenn man der Antwort aus dem Wege gehen will, trifft man eine Entscheidung durch die gewählte Organisation der Arbeit:

Mit der Festlegung der Arbeitsinhalte legt man auch den Zentralisierungsgrad von Kompetenzen fest, den Steuerungs- und Kontrollaufwand, das Qualifikationsspektrum und den Aufwand zur Qualifizierung und nicht zuletzt den Grad der Zufriedenheit der Mitarbeiter.

**Auch
kleine Lösungen
sind möglich**

Die Fertigungsinsel ist wohl die konsequenteste Verwirklichung einer Arbeitsorganisation, die sich am Zusammenwirken von Mensch und Technik orientiert.

Aber es muß nicht immer gleich das gesamte Unternehmen umorganisiert werden, um eine bessere Arbeitsorganisation zu realisieren. Schon die Installation einer einzelnen Maschine verlangt eine Entscheidung über die zu verwirklichende Arbeitsorganisation.

So kann man die Fertigung mit CNC-Maschinen mehr oder minder arbeitsteilig organisieren:

**Beispiel CNC:
AV-Programmierung
oder Werkstatt-
programmierung**

Man kann die NC-Programmierung aus der Werkstatt herausnehmen und sie der Arbeitsvorbereitung übertragen. Das hat zur Folge, daß für die Werkstatt eventuell ein einfacheres Steuerungskonzept eingeplant werden kann (wahrscheinlich aber nicht, da an der Maschine das NC-Programm noch korrigiert und optimiert werden muß). Für die Arbeitsvorbereitung muß auf jeden Fall ein Programmiergerät her.

Geht man von dem weniger arbeitsteiligen Prinzip der Werkstattprogrammierung aus, dann dürfte sich dort die Steuerung etwas verteuern, wofür an Programmiergeräten in der AV gespart werden kann. Gleichzeitig laufen nach Untersuchungen des RKW die in der Werkstatt erstellten Programme in der Regel schneller als die AV-programmierten. [4]

**Werkstatt-
programmierung
wird einfacher**

Daß die Unhandlichkeit der Programme oder die Komplexität der Programmiersprachen eine Programmierung in der Arbeitsvorbereitung erzwingen, dürfte kein Argument mehr sein: Moderne Maschinensteuerungen und auch Programmiergeräte sind erheblich komfortabler und benutzerfreundlicher als ihre Vorgängergenerationen: graphisch-dynamische Bildschirme und Geometrieprozessoren, umfangreiche Verwendung von Makros und Menütechnik haben die Programmierung bedeutend erleichtert.

---

[4] Lay u.a. 1983

In Zukunft kann der weitere Einsatz von CAD/CAM die direkte Übergabe von CAD-Geometrien an die Werkstatt weiter vereinfachen. Dann muß der Facharbeiter in der Werkstatt nur noch die Technologiedaten hinzufügen, wofür er ja der eigentliche Fachmann ist. Solche sehr einfach zu handhabende Lösungen funktionieren bereits. [5]

Es ist natürlich mühelos möglich, auch mit CAD/CAM die Anzahl der organisatorischen Schnittstellen im Betrieb zu erhöhen, indem man die Technologie-Programmierung ganz der Arbeitsvorbereitung überträgt und dann die zentrale Steuerung vor der Auftragsfreigabe erst einmal prüfen läßt, ob denn das NC-Programm bereits als fertig gemeldet, ob es auch einsatzfähig ist, usw.

Beispiel CAD: Trennung von Bildschirm- und Brettarbeit?

Der Einsatz neuer Techniken zwingt zu organisatorischen Entscheidungen, aber er erzwingt keine bestimmte Richtung der Entscheidung. Auch vor der Installation von CAD muß die Entscheidung fallen, ob man in eine Richtung vermehrter oder verminderter Arbeitsteiligkeit gehen will.

So stellt sich z.B. die Frage, ob Brett- und Bildschirmarbeit organisatorisch und personell getrennt werden (und damit weitere Schnittstellen geschaffen werden sollen) oder ob man die Arbeitsweisen integriert; ob die technischen Zeichner mehr Variantenkonstruktionen übernehmen und damit die Konstrukteure für eigentliche konstruktive Aufgaben entlasten, oder ob die Konstrukteure die Detaillierung vollständig selbst ausführen. Im zweiten Fall hätte man zwar eine Schnittstelle weniger, aber einer der wesentlichen Nutzen der CAD-Technik, das Durchspielen mehrerer Varianten in der gleichen Zeit, wäre vertan.

Beispiel Roboter: Arbeitsumfänge

Bei Robotern ist z.B. zu entscheiden, wo Programmierung und Instandhaltung angesiedelt sind: Ganz in der AV und in der Instandhaltungsabteilung oder zumindest teilweise bei den Mitarbeitern, die die

---

[5] z.B. die "werkstattorientierte Programmierung" (WOP) des Kernforschungszentrums Karlsruhe (KfK)

Roboter ver- und entsorgen. Und, wenn ein ganzes Team mit dem Roboter arbeitet, wie das Team selbst organisiert ist: starr arbeitsteilig oder ob die Mitglieder die Möglichkeit haben, sich gegenseitig zu vertreten und im Sinne einer breiten Nutzung ihrer Fähigkeiten echte Teamarbeit zu leisten, bei der die Unterschiede in der Hierarchie kaum eine Rolle spielen.

Die Umsetzung der Philosophie

Viel in die Planung investieren

Wenn neue Technik in den Betrieb kommt, dann bietet sie meist die Chance, die Fähigkeiten der Mitarbeiter besser zu nutzen als dies gemeinhin geschieht und dabei die Arbeitsteiligkeit zumindest in kleinen Schritten zurückzunehmen.

Soll diese Chance zur Neugestaltung der Arbeit genutzt werden, dann bedarf eine solche Änderung sorgfältiger Planung; und dies umso mehr, je tiefer die organisatorischen Umstellungen greifen sollen. Das muß technisch bei der Analyse des Teilespektrums und der Bildung geeigneter Teilefamilien beginnen. Organisatorisch müssen die Arbeitsgebiete der Mitarbeiter abgegrenzt werden, wobei die Abgrenzungen möglichst flexibel bleiben sollten; schließlich sollte man nicht wieder den Fehler begehen, durch Zementierung der Arbeitsgebiete schmalspurige Spezialisten zu züchten, denen jede neue Anforderung große Probleme bereitet. Auf der anderen Seite aber kann wiederum nicht von allen unseren Mitarbeitern die gleiche Bereitschaft und die gleiche Fähigkeit erwartet werden, universell jede Tätigkeit zu übernehmen.

Das bedeutet dreierlei:

Flexible Organisation

1. Die Anforderungen der Technik und die Bedürfnisse des Menschen müssen so aufeinander abgestimmt werden, daß ihr Zusammenspiel ein Optimum für den Betrieb darstellt. Die dabei zu entwerfende Arbeitsorganisation muß so flexibel angelegt sein, daß sie sich sowohl an geänderte betriebliche Erforder-

nisse als auch an die sich wandelnden Fähigkeiten der Mitarbeiter anpassen kann.

Technik-, Organisations- und Qualifizierungsplanung integrieren

2. Die Planungen für Technik, Arbeitsorganisation und Qualifizierung müssen stärker miteinander integriert werden als dies bislang oft der Fall ist. Die gewählte Arbeitsorganisation hat einmal Auswirkungen auf das Pflichtenheft der Technik, zum anderen auch auf Inhalt und Umfang der Qualifizierungsmaßnahmen.

Betroffene Mitarbeiter an den Planungen beteiligen

3. Die betroffenen Mitarbeiter müssen eine Möglichkeit haben, ihr Erfahrungswissen und ihre Vorstellungen in die Planung und die Realisierung der Arbeitssysteme einzubringen.

Abbildung 8

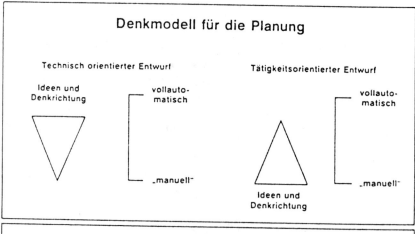

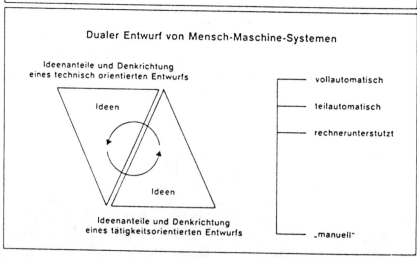

Ein Denkmodell:

Ein recht gutes Denkmodell für die Planung von Arbeitssystemen stellt der 'Duale Entwurf' des Technikeinsatzes dar. [6] Nach diesem Modell geht man von zwei Denkrichtungen her an das Problem heran:

- vollautomatisches System

Zunächst versucht man, auf dem Papier eine vollautomatische Lösung zu realisieren. Dabei wird man feststellen, daß in der Realität stets Abstriche von diesem Idealzustand gemacht werden müssen; einige Funktionen sind aus technischen Gründen noch nicht automatisierbar, bei anderen ist die Automatisierung noch nicht wirtschaftlich usw. In jedem Falle stellt die möglicherweise realisierbare Lösung einen Kompromiß zwischen dem Wünschbaren und dem Machbaren dar.

- vollmanuelles System

Sodann geht man von dem Gegenpol aus und versucht ein vollständig manuelles Arbeitssystem zu entwerfen, bei dem auch alle planenden und disponierenden Funktionen von den Mitarbeitern vor Ort wahrgenommen werden. Auch hier werden sich auf dem Papier viele unwirtschaftliche Lösungen ergeben, aber es werden sicherlich auch Lösungen auftauchen, die in puncto Wirtschaftlichkeit durchaus mit den automatisierten Lösungen konkurrieren können, ja, ihnen vielleicht sogar überlegen sind.

Das Prinzip des dualen Entwurfes sollte nicht als eine streng anzuwendende Methode zur Lösungsfindung angesehen werden, sondern eher als eine Strategie des Vorgehens, als ein Wechsel der Perspektiven, unter denen man das zu lösende Organisationsproblem angeht.

Weite Arbeitsbereiche anlegen

Wichtig ist dabei, daß man sich nicht nur auf die rein technisch notwendigen Änderungen beschränkt, sondern daß man das Feld der neu zu ordnenden Funktionen möglichst weit anlegt.

Planung und Steuerung zurück an die Arbeitsplätze

Die Investition muß zum Anlaß werden, das gesamte organisatorische Umfeld infrage zu stellen und gezielt nach Möglichkeiten zu suchen, die Planung und die

---

[6] VDI 1989

Steuerung der Arbeit wieder dahin zu verlagern, wo sie eigentlich hingehören, an die Arbeitsplätze selbst.

Das ist zwar in den meisten Fällen nicht in vollem Umfang und nur selten ohne Schwierigkeiten zu realisieren, aber es sollte als ein Ziel angesehen werden, dem man sich schrittweise nähern kann.

Planerische Freiräume nutzen

Der Planer einer Installation hat meist mehr organisatorische Spielräume, als er selbst annimmt, vor allem dann, wenn das erste System einer neuen Technik in den Betrieb kommt:

Er muß die Organisation der Arbeit planen, obwohl es im Betrieb kein Vorbild dafür gibt. Wählt er dabei eine moderne Organisationsform, dann muß er vielleicht mit höherem Qualifizierungsanforderungen rechnen. Wird dieser Aufwand von Beginn an eingeplant, dann ist er ein fester Bestandteil der Investitionssumme. Er ist dann allemal leichter durchzusetzen als eine nachträgliche Bewilligung zusätzlicher Qualifizierungsmaßnahmen.

Oft entscheiden die nicht berechenbaren Größen

Keine Geschäftsleitung wird ein Investitionskonzept ablehnen, weil es ihr zu wenig arbeitsteilig angelegt ist oder weil die Mitarbeiter dabei zu selbständig würden; die Investition muß sich nur rechnen.

Gerade bei Erstinvestitionen in neue Techniken sind aber die Unsicherheiten über ihre wirtschaftlichen Folgen so groß, daß es oft die nicht direkt berechenbaren Erwartungen sind, wie Verkürzung von Durchlaufzeiten, Verbesserung der Qualität, Verbesserung der Flexibilität usw., die den Ausschlag für die Investitionsentscheidung geben.

In der ersten Phase des Planungsprozesses ist die Chance am größten, neue organisatorische Weichenstellungen zu realisieren - die betriebliche Planung muß ihre Chancen dazu nur nutzen.

Auch die ausführende Arbeit muß umorganisiert werden

Es sind aber nicht nur die Aufgaben der Feinplanung und Feinsteuerung, die organisatorisch neu angegangen werden sollten. Eine wirkliche Entlastung der zentralen Steuerung und eine Verbesserung der betrieblichen Flexibilität sind oft erst dann zu erzielen, wenn auch die direkte 'ausführende' Arbeit in die Umgestaltung miteinbezogen wird.

Der Fall MMS zeigt, daß die Aufhebung der Trennlinien zwischen einzelnen Funktionen erst die wirtschaftlichen Erfolge brachte:

Zusammenführen und Integrieren von Aufgaben

Nicht mehr weiteres Trennen und Ausdifferenzieren von Arbeitsverrichtungen heißt das Prinzip, sondern: Zusammenführen und Integrieren von Aufgaben. Nur wenn möglichst viele zusammengehörende Arbeitsschritte in einem Verantwortungsbereich vereinigt sind, können die produktiven Effekte der organisatorischen Neuorientierung voll durchschlagen.

Je mehr sich die Organisation dem Prinzip nähert, Teile möglichst komplett innerhalb eines Bereiches zu fertigen und je weniger dabei in diesen Bereich von außen hineinregiert wird, umso geringer wird der zentrale Steuerungsbedarf und umso größer der Produktivitätsgewinn.

All-Rounder sind flexibler

Innerhalb der einzelnen Bereiche sollte die Spezialisierung der Mitarbeiter auf einzelne Tätigkeiten so gering wie möglich ausgeprägt sein. Beherrschen jeweils mehrere die gleiche Arbeit, kann im Idealfall jeder alle Arbeiten erledigen, dann kann die Gruppe z.B. plötzlich auftretende Personalausfälle meistens problemlos verkraften, ohne daß übergeordnete Stellen eingeschaltet werden müssen.

Läßt sich das Prinzip autonomer Arbeitsgruppen nicht verwirklichen (z.B. bei der Installation eines einzelnen Roboters), dann sollte zumindest das Tätigkeitsfeld des dort beschäftigten Mitarbeiters so breit wie möglich sein. Kann er sowohl programmieren als auch die Anlage rüsten und zumindest teilweise warten oder reparieren, dann ist auch er unabhängiger von Spezialisten, damit flexibler und letztlich produktiver.

Exkurs CAD

Gleichgewicht zwischen Spezialisten und Generalisten suchen

Während es in der Produktion darum geht, bisher in viele Einzeloperationen zergliederte Tätigkeiten wieder zusammenzufassen und Planungsfunktionen möglichst an die Basis zurückzuholen, kommt es in der Konstruktion darauf an, einen Kompromiß zu finden zwischen einer Verstärkung der Arbeitsteiligkeit und ihrer Vermeidung. Eine Ausdifferenzierung von Tätigkeiten in der Konstruktion wird durch die Einführung von CAD nicht ganz zu vermeiden sein:

Systemspezialisten

Bei Anlagen mit mehreren Terminals bildet sich schnell der System- und Programmierspezialist heraus. Meist ist es ein Konstrukteur oder Ingenieur, der sich schon in der Planungsphase intensiv mit dieser Technik auseinandergesetzt hat. Selten sind es Informatiker oder andere EDV-Spezialisten, sondern fast stets betriebserfahrene Kräfte, die mit den Konstruktions- und Produktionsproblemen vertraut sind. Ihre Tätigkeit wird aber immer mehr zu der eines Systemmanagers.

Berechnungs-ingenieure

Mit der Möglichkeit, mehrere Variationen einer Konstruktion durchzuspielen, wächst auch die Anwendung komplexer Berechnungsverfahren: Hier bleibt es bei der alten Arbeitsteilung zwischen Konstrukteuren und Berechnungsingenieuren.

Berechnungsverfahren wie Finite Element Methode (FEM) werden fast ausschließlich von Berechnungsingenieuren durchgeführt, während die einfachen Aufgaben, wie Masse- oder Schwerpunktberechnungen, von den Konstrukteuren erledigt werden.

Brett- und Bildschirmarbeit kombinieren

Darüber hinaus sollte man aber keine generelle Trennung zwischen Brett- und Bildschirmkonstrukteuren anstreben. Spezialisierte CAD-crews waren in der Anfangszeit dieser Technik relativ häufig.

Die durchweg sehr hohen Investitionskosten pro Arbeitsplatz und die wegen der recht benutzerunfreundlichen Software langen Lernzeiten führten oft zur Einrichtung von closed-shop-Betrieben, bei denen die Konstrukteure ihre Aufgaben ablieferten und den Spezialisten der CAD-Mannschaft zur Bearbeitung überließen. Daneben hatten die CAD-crews eigene Aufgaben vollständig über das System abzuwickeln.

Mängel des closed shop

Diese Organisation zeigt eine Reihe von Mängeln:

- Oft wird die eigene Arbeit bevorzugt abgewickelt und die 'Fremdarbeiten' erhalten geringere Priorität. Dadurch erhöht sich die Durchlaufzeit vieler Konstruktionsaufgaben.

- Die 'Lieferanten' der CAD-Gruppe müssen viel Zeit und Mühe auf die Spezifizierung ihrer Wünsche verwenden, die Anzahl der Mißverständnisse wird beträchtlich. Deshalb werden oft weniger Varianten durchgespielt als es sinnvoll wäre. Es gehen dann oft nur die zweitbesten Lösungen in die Produktion.

- Die CAD-Gruppe beginnt als Spezialistenteam die Aufgaben eher unter CAD- Perspektiven und weniger als konstruktive Probleme zu sehen.

open shop

Mit zunehmender Benutzerfreundlichkeit der Systeme und mit zunehmender Erfahrung im Umgang mit CAD geht man zum open-shop-Betrieb über, bei dem die Terminals möglichst vielen Mitarbeitern zur Erledigung ihrer CAD-Aufgaben zur Verfügung stehen.

zentral-dezentral

Abgesehen von recht wenigen Ausnahmen, (und von Anwendungen im Elektrobereich) wird noch auf absehbare Zeit Arbeit am Brett parallel zur Arbeit am Bildschirm erforderlich sein.

Daher sollten die Bildschirme nach Möglichkeit nicht zentral in einem Raum, sondern dezentral im Konstruktionsbüro aufgestellt werden, um ein möglichst problemloses 'Pendeln' zwischen Brett und

Schirm zu ermöglichen. Dies läßt sich jedoch nicht in allen Fällen verwirklichen. In vielen Konstruktionsbüros ist die Zahl der Störeinflüsse durch Besucher oder Gespräche so groß, daß eine konzentrierte Arbeit am Bildschirm sehr erschwert wird.

Zugangszeiten - nicht immer Schichtbetrieb

Ein weiteres Problem der CAD-Organisation ist die Regelung der Zugangszeiten. Bei den meisten Installationen ist die Zahl der Benutzer größer als die Zahl der Bildschirme. Daraus wird häufiger die Notwendigkeit eines Schichtbetriebes abgeleitet. Dieser ist aber nur selten realisiert worden. Meist hat sich herausgestellt, daß verlängerte Zugangszeiten zu den Bildschirmen durchaus reichen.

Beispiel

Häufig anzutreffen sind Zugangszeiten von 7.00 Uhr bis 19.00 Uhr oder 21.00 Uhr. In dieser Zeit ist die Anlage eingeschaltet. Die Benutzer teilen sich die Zeit nach Absprache selber ein. Die Frühaufsteher sitzen dann schon um 7.00 Uhr am Terminal, während die Nachtmenschen erst gegen 21.00 Uhr Feierabend machen. Solche selbstregulierenden Systeme haben sich meist besser bewährt als systematisch durchgeplante Vergabe von Zugangszeiten für jeden einzelnen Benutzer. Häufig beschränken sich die zentralen Angaben auf Abschätzungen des wahrscheinlich benötigten Stundenbedarfes der einzelnen Konstruktionsgruppen.

Arbeitsteilung: Zeichner - Konstrukteur: Wer macht Detailkonstruktion, Varianten- konstruktion?

Oft stellt sich die Frage der Arbeitsteilung zwischen dem Zeichner und dem Detailkonstrukteur auf der einen und dem Entwurfskonstrukteur auf der anderen Seite. Sollen die Entwurfskonstrukteure die Detaillierung und die Variantenkonstruktion selbst miterledigen oder sollten die einfacheren Arbeiten an die Zeichner abgegeben werden?

Im ersten Falle hätte man zwar die traditionelle Arbeitsteiligkeit des Verfahrens vermindert, hätte sich aber gleichzeitig um einen der wesentlichen Vorteile der CAD-Technik gebracht: Statt daß die Entwurfskonstrukteure ihre eigentliche Qualifikation am Bildschirm ausspielen und ihre Lösungen optimieren, sind sie mit Arbeiten beschäftigt, die ein Zeichner ebensogut ausführen kann.

Es wäre sinnvoller, die Detaillierung und zumindest einen Teil der Variantenkonstruktion den Zeichnern und Detailkonstrukteuren zu überlassen und damit die Entwurfskonstrukteure zugunsten ihrer eigentlichen Arbeit zu entlasten. Daß Zeichner nach entsprechender Schulung in der Lage sind, auch schwierigere Variantenlösungen zu bearbeiten, zeigen viele Beispiele.

Betriebsindividuelle Lösungen; CAD ist kein Instrument zur Personaleinsparung

Welche organisatorische Lösung die beste ist, muß jeder Betrieb für sich entscheiden. Man sollte sich aber dabei stets vor Augen halten, daß der eigentliche Vorteil von CAD nicht in der Personaleinsparung bei den Konstruktionsabteilungen liegt, sondern in der Unterstützung bei der Aufgabenerfüllung der Abteilung.

Die entscheidenden Potentiale liegen in den Köpfen der Mitarbeiter.

Der Rationalisierungsgewinn einer Personaleinsparung ist kurzfristig rechenbar, der Verlust an Erfahrungs- und Kreativitätspotential aber zeigt sich vielleicht erst nach einiger Zeit in einer schlechteren Position des Unternehmens am Markt.

4 Integrierte Planung

Jeder neue Einsatz von Technik eröffnet neue Optionen zur Gestaltung von Organisation. Die Spielräume, die sich dem Planer bieten, sind manchmal nur sehr klein, oft aber auch sehr umfangreich. Es kommt darauf an, diese Spielräume zu erkennen und sie zu nutzen, soweit es die betrieblichen Rahmenbedingungen zulassen; und sie sollten so genutzt werden, daß der Flexibilität und der Kreativität des Menschen möglichst großer Raum gelassen wird.

Abbildung 9

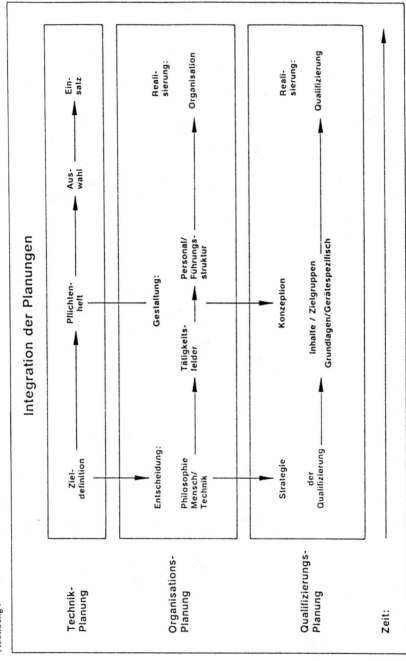

Integration der Planungen

**Verknüpfung der
Planungsstränge**

Dazu aber müssen Technik-, Organisations- und Qualifizierungsplanung miteinander verknüpft werden: Organisation und Technik stehen in enger Wechselwirkung zueinander, beide aber bestimmen den Qualifizierungsbedarf.

Abbildung 9 zeigt den Zusammenhang zwischen den Planungssträngen. Organisatorische und technische Planung sind voneinander abhängig:

**Technik muß auf
die Organisation
abgestimmt werden**

Nicht jede technische Lösung ist für jede organisatorische Lösung geeignet: Ein Produktionsplanungs- und -steuerungssystem, welches zwingend auf kontinuierliche BDE-Rückmeldungen angewiesen ist, läßt kaum Raum für die Planung und Disposition der Mitarbeiter vor Ort.

CNC-Steuerungen ohne graphisch-dynamischen Bildschirm oder ohne Geometrieprozessoren sind kaum geeignet für die Einführung von Werkstattprogrammierung; sie erzwingen oft geradezu die Programmierung der Teile in der Arbeitsvorbereitung, selbst wenn die Programmierung vor Ort sinnvoller wäre.

**Die Entscheidung
über die
Arbeitsorganisation
muß früh fallen**

Die gewählte Form der Arbeitsorganisation hat durchaus Einfluß auf das technische Pflichtenheft. Das bedeutet aber, daß die Entscheidung über den einzuschlagenden Weg des Technikeinsatzes schon sehr früh zu treffen ist; sie muß am Beginn des Planungsprozesses stehen.

**Die strategische
Entscheidung muß
von der
Unternehmensleitung
getragen werden**

Da diese Entscheidung von weitreichender Bedeutung ist, muß sie von der Unternehmensleitung mitgetragen werden. Die mögliche Neuordnung von Tätigkeiten kann Folgen für die Personal- und Führungsstruktur haben. Das Beispiel der MMS zeigt, wie weitreichend solche Änderungen sein können. Die Aufgaben von Vorgesetzten ändern sich, manche Stellen können ganz wegfallen. Selbst wenn solche Umstrukturierungen nicht den Umfang wie bei MMS annehmen, so sind sie kaum ohne die ausdrückliche Unterstützung durch die Geschäftsleitung durchführbar.

Frühzeitige Planung der Qualifikation:	Synchron zur Planung von Technik und Organisation ist auch die Qualifizierung zu planen: Auf die Mitarbeiter kommen neue, ungewohnte Aufgaben zu. Deshalb gehört zur ausreichenden Schulung nicht nur die Verbesserung der Fachkompetenz - also die Schulung für die Anwendung der Technik - sondern auch ihre Methoden- und ihre Sozialkompetenz sind zu verbessern. Es müssen jene Fähigkeiten wieder entwickelt werden, die unser gewohntes Organisationsprinzip dem Mitarbeiter oft sehr gründlich abtrainiert hat.
Fachkompetenz	

Methodenkompetenz

Je nach der zu erfüllenden Aufgabe kann die Methodenkompetenz umfassen:

- Arbeitsplanung,
- Selbständiges Planen und Vorbereiten des Ablaufes,
- Diagnosetraining,
- Ortung und Klassifikation von Störfällen und -ursachen,
- Handlungsmöglichkeiten bei unterschiedlichen Störungen
- Problemlösetechniken
- Analytische Problemlöse- und Entscheidungstechniken
- Kreative Alternativenfindung
- Lernstatt, Qualitätszirkel
- Arbeitstechniken (rationelles Arbeiten)

Sozialkompetenz

Zur Sozialkompetenz sollten gehören:

- Teamfähigkeit
- Kommunikationsfähigkeit
- Konfliktfähigkeit [7]

Sozial- und Methodenkompetenz müssen im Betrieb geübt werden

Die Erfahrung zeigt, daß rein fachbezogene Schulung nicht ausreicht, um die Probleme zu lösen, die durch das Zusammenspiel von Mensch und neuer Technik entstehen. Oft sind es Mängel in der Kommunikations- und in der Teamfähigkeit, die z.B. eine schnelle Störungsbeseitigung erschweren. Nur: die Fähigkeiten lassen sich zwar in Kursen fördern, trainert werden aber müssen sie im Betrieb.

---

[7] Vgl.: Sonntag, 1987, S. 61

Dort müssen die Mitarbeiter Erfahrungen sammeln mit breiten Arbeitsstrukturen und dort müssen es die Vorgesetzten schaffen, dem Team ein 'Wir-Gefühl' zu vermitteln.

Dazu ist autoritäres Führungsverhalten jedoch in keiner Weise geeignet. Vielmehr muß der Vorgesetzte den Teammitgliedern auch Anerkennung und Wertschätzung zeigen, er muß sich bei Kritik von außen vor seine Leute stellen, muß Spannungen innerhalb der Gruppe abbauen können, und er muß vor allem durch positive Würdigung gemeinsam erbrachter Leistungen das Selbstverständnis der Gruppe fördern [8]

Beteiligung betroffener Mitarbeiter

Betroffene informieren und an der Planung beteiligen

Die Planung sollte auch wissen, welche Vorstellungen die Mitarbeiter von ihren neuen Arbeitsplätzen haben, welche Ängste und Hoffnungen, was davon utopisch ist, was berechtigt und was eventuell an brauchbaren Anregungen von ihnen kommen kann.

Die Betroffenen sind Experten für ihre Arbeitsplätze

Im Regelfall wird es bei der Einführung einer neuen Technik zunächst einmal darauf ankommen, die Mitarbeiter über das zu informieren, was auf sie zukommt. Je besser sie informiert sind, desto weniger werden sie emotional reagieren. Schon allein um die Akzeptanz der neuen Techniken sicherzustellen, ist es vernünftig, die Mitarbeiter an der Planung und Gestaltung des Arbeitsplatzes, der Arbeitsinhalte und der Arbeitsorganisation zu beteiligen. Durch solche Mitbestimmung am Arbeitsplatz können aus Betroffenen Beteiligte werden, die dann nicht nur angstfrei mit der Technik umgehen, sondern die auch eigene Anregungen in den Planungsprozeß einbringen. Sie sind die eigentlichen Experten für die direkten Pro-

[8] ebd. S. 61

bleme ihrer Arbeitsplätze und sie sollen auch später mit der Technik kompetent umgehen können.

Beteiligung ist Qualifizierung

Die Beteiligung schafft Transparenz über die Arbeitszusammenhänge und ist deshalb ein wichtiger Bestandteil auch der Qualifizierung. Der Mitarbeiter lernt, in Zusammenhängen zu denken und sich zu artikulieren.

Bei Gruppenarbeit für Job-Rotation sorgen

Wird Gruppenarbeit eingeführt, so ist Wert darauf zu legen, daß die Mitarbeiter in den Gruppen nicht sofort wieder in ihre gewohnten Spezialisierungen zurückfallen: Im Idealfall sollte jedes Gruppenmitglied jedes andere voll ersetzen können, damit die Gruppe auch Probleme ihrer Personalkapazität in weiten Bereichen selbst regeln kann.

Natürlich läßt sich dieser Idealzustand nur selten verwirklichen. Es ist aber bei der Planung von Gruppenarbeit darauf zu achten, daß wenigstens ein Mindestmaß an Job-Rotation der Mitglieder stattfindet. Dieser Wechsel der Arbeitsplätze muß zumindest in der Anfangsphase der Gruppe von außen gesteuert werden, etwa von der Betriebsleitung oder der Personalleitung; die Gruppe selbst ist in der ersten Zeit damit überfordert.

Erst nach einer Phase der Eingewöhnung kann diese Steuerung in die Eigeninitiative der Gruppe übergehen. Wird der Zeitpunkt dafür zu früh gewählt, dann besteht die Gefahr, daß sich die Anfangsstruktur verfestigt und die Potentiale derjenigen Mitarbeiter nicht berücksichtigt werden, die sich nur langsam für neue Aufgaben öffnen. Die Erfahrung zeigt, daß es oft gerade diese Mitarbeiter sind, die später sehr wertvolle Beiträge zur effektiven Leistung der Gruppe erbringen.

Lohnanreize

Auch Lohnanreize über das Erreichen bestimmter Qualifizierungsstufen können in diesem Prozeß eine Rolle spielen. Sicherlich wird ein Teil der Gruppenmitglieder auch auf Dauer nur mit eingeschränkten Tätigkeitsfeldern betraut werden können. Aber auch sie sollten die reelle Chance bekommen können, sich an anderen Aufgaben zu versuchen.

**Mitarbeiter wieder
an Verantwortung
gewöhnen**

Sind die Mitarbeiter jahrzehntelang durch stark arbeitsteilige Organisationsformen auf kleine Arbeitsinhalte spezialisiert und sind sie durch enge Steuerungs- und Qualitätssicherungssysteme von Verantwortung weitgehend entwöhnt worden, dann bedarf es langer und sorgfältiger Vorbereitung der Mitarbeiter auf die neuen Freiheiten und Aufgaben.

Als ein hervorragendes Mittel dazu haben sich die Qualitätszirkel bewährt. In ihnen lernen die Mitarbeiter, konkrete Betriebsprobleme ohne Vorgesetzte selbst zu analysieren, eigene Vorschläge zu artikulieren und deren Verwirklichung zu überwachen.

**Qualifizierung ist
eine Daueraufgabe**

Das bedeutet aber auch, daß die Entwicklung der Fähigkeiten der Mitarbeiter eine Daueraufgabe ist, die nicht ohne einen ständigen Prozeß der Weiterqualifizierung lösbar ist. Personalentwicklung ist nicht nur auf den Bereich der Angestellten beschränkt. Kontinuierliche, gezielte Weiterbildung aller Mitarbeiter ist der Boden, auf dem die Organisationsentwicklung in der Fertigung wächst.

Die Planung der Qualifizierung der Mitarbeiter muß zwar zu Beginn der Technikplanung einsetzen, sie darf aber nicht mit der Inbetriebnahme der Anlage abgeschlossen sein. Die Entwicklung der technischen Kenntnisse und Fähigkeiten, der planerischen, der dispositiven und der sozialen Potentiale stellt eine dauernde Notwendigkeit dar.

Widerstände bei der Umorganisation

Aber nun gibt es ja bekanntlich einen beträchtlichen Unterschied zwischen dem, was man tun möchte oder auch tun sollte und dem, was man tun kann.

**Änderungen erzeugen
Ängste und
Widerstände**

Jede Umstellung einer Organisation trifft auf Widerstand - offen und verdeckten. Irgendwo im Betrieb ist zumindest einer, der zu Recht oder zu Unrecht befürchtet, daß ihm etwas von seinem Einflußbereich genommen wird, und der deshalb die Änderung bekämpft. Das ist auch durchaus verstehbar, denn wer sich in Jahrzehnten eine gehobene Position erarbeitet hat, der neigt dazu, bei der Änderung seines Zuständigkeitsbereiches, und insbesondere bei einer Einschränkung, sein gesamtes berufliches Selbstverständnis gefährdet zu sehen.

**Überzeugungsarbeit
leisten; notfalls
Härte**

In vielen Fällen lassen sich Skepsis und Widerstände durch Überzeugung mindern, aber eben nicht in allen Fällen. Die Firma MMS in unserem Eingangsbeispiel hatte die Chance - oder auch keine andere Wahl - als dieses Problem radikal, also durch Entlassung der widerstrebenden Stelleninhaber zu lösen. Bei einer Umstellung ganzer Betriebsteile auf organisatorische Konzepte wie Fertigungsinseln wird außer der innerbetrieblichen Umsetzung wohl kaum eine andere Möglichkeit bestehen.

**Es muß nicht gleich
Entlassung sein**

Bei kleineren Lösungen, wie etwa der Installation von CNC-Maschinen oder eines CAD/CAM-Systems, dürfte die Extremlösung wohl nur selten anzuwenden sein.

Nutzt alle Überzeugungsarbeit nichts, und ist auch keine Umsetzung möglich, dann bleibt dem Planer oft nur noch die Lösung, das Arbeitssystem und seine Steuerung so anzulegen, daß die kritische Stelle zwar optisch noch ihre alten Einflußmöglichkeiten besitzt, in Wirklichkeit aber umgangen wird.

Beispiel

Eine beliebte Methode besteht z.B. darin, daß man zwischen einen widerstrebenden Vorgesetzten, der die Technik ablehnt und die Technik selbst eine eigentlich überflüssige Pufferposition schaltet:

Ein Meister stand einem flexiblen Fertigungssystem (FFS) und seiner Organisation sehr negativ gegenüber. Auf der anderen Seite war der Betrieb auf das Wissen und Können des Mannes angewiesen. So installierte man das FFS in seinem Verantwortungsbereich, übertrug aber alle übergeordneten, eigentlich vom Meister wahrzunehmenden Funktionen einem Vorarbeiter, der dann mehrere FFS betreut.

Der Meister hatte seinen alten Einflubereich, das abgelehnte FFS läuft zwar formell in diesem Bereich, de facto aber losgelöst als eine eigene Einheit.

PPS-Software

Einen weiteren Problembereich bei der Einführung erweiterter Dispositionsspielräume stellt meist die vorhandene Planungs- und Steuerungssoftware dar. Eine in Jahrzenten gewachsene zentrale Feinsteuerung, die auch mit anderer Software vernetzt ist, wird nur schwierig wegen einer kleinen Fertigungsinsel mit vielleicht 5 Mitarbeitern durch ein neues Steuerungssystem zu ersetzen sein. Hier bedarf es großer Phantasie aller an der Planung Beteiligten, Kompromisse zu finden, mit denen sowohl das Steuerungssystem als auch die Gruppe leben können.

Entlohnung

Und schließlich tritt immer wieder ein Problem auf, das oft als sehr schwierig angesprochen wird, in der Praxis aber meist auf dem Verhandlungswege zu lösen ist: Der Anteil derjenigen Zeiten, der von den Mitarbeitern nicht beeinflußt werden kann, wird gerade durch die neuen Techniken immer größer.

Ist einmal das CNC-Programm abgefahren, kann der Mann an der Maschine kaum noch die benötigten Zeiten beeinflussen. Damit, und auch mit der Zunahme planender und dispositiver Tätigkeiten, entfallen wesentliche Bedingungen für eine Akkordentlohnung. Die angemessene Entlohnungsform ist eigentlich der Zeitlohn. Hier setzt im allgemeinen der Widerstand des Betriebsrates ein. Ein Prämienlohnsystem ist oft ein vernünftiger Kompromiß.

Die im Fallbeispiel MMS vorgestellte Lösung läßt sich in diesem Umfang nur selten so schnell realisieren wie es dort geschah. Die Voraussetzung für das Tempo der Umstellung war ja der hohe Leidensdruck, der sich aus der desolaten Lage des Betriebes ergab. Nun kann man einer Unternehmensführung kaum raten, ihr Geschäft bis hart an den Rand des Konkurses zu bringen, um organisatorische Umstellungen zu erleichtern.

Organisatorisches Prinzip muß von oben getragen sein

Das Beispiel zeigt aber auch, daß die organisatorischen Grundlinien von der Unternehmensspitze her voll mitgetragen werden müssen. Ohne konsequente Unterstützung der Prinzipien durch die Firmenleitung ist keine größere Umgestaltung möglich. Ohne den notwendigen Rückhalt von oben geriete sie sehr bald ins Stocken und ihre Befürworter und Promoter wären die Verlierer.

Daß aber mit der Mobilisierung, der Freisetzung der planenden und dispositiven Fähigkeiten der Mitarbeiter großer wirtschaftlicher Fortschritt zu erzielen ist, das sollten das Beispiel der MMS und die noch vorzustellenden weiteren Fallbeispiele deutlich machen.

Weiterführende Literatur

AWF (Hrsg.): "Flexible Fertigungsorganisation am Beispiel von Fertigungsinseln", Eschborn 1984.

Bundesminister für Arbeit und Sozialordnung: "Gesundheit am Arbeitsplatz. Neue Techniken menschengerecht gestalten", Bonn 1988.

Bundesvereinigung der Deutschen Arbeitgeberverbände: "Weiterbildung von Führungskräften und gesellschaftliches Umfeld", Köln 1988.

Gesamtverband der metallindustriellen Arbeitgeberverbände (Hrsg.): "Mensch und Arbeit - Gemeinsame Interessen von Mitarbeitern und Unternehmen in einer sich wandelnden Arbeitswelt", Köln 1989.

Göbel, U.; Schlaffke, W. (Hrsg.): "Die Zukunftsformel. Technik - Qualifikation - Kreativität", Köln 1987.

Henning, K.; Marks, S.: "Inhalte menschlicher Arbeit in automatisierten Anlagen" in: Hackstein, R.; Heeg, F.-J.; v. Below, F. (Hrsg.): "Arbeitsorganisation und neue Technologien", Berlin, Heidelberg, New York, 1986, S. 215-244.

Klingenberg, H.; Kränzle, H.-P.: "Humanisierung bringt Gewinn - Modelle aus der Praxis -", Band 2: "Fertigung und Fertigungssteuerung". Eschborn 1980.

Lay, G.; Boffo, M.; Fix-Sterz, J.; Lemmermeier, L.: "Handlungsanleitung zum Einsatz von CNC-Drehmaschinen. Programmierung - Wirtschaftlichkeit -Organisation", Eschborn 1988.

Lay, G.; Boffo, M.; Lemmermeier, L.: "Beurteilung der Wirtschaftlichkeit von CNC-Drehmaschinen unter organisatorischen Gesichtspunkten", Karlsruhe 1983.

Nitzsche, M.; Pfennig, V.: "Einsatz von CNC-Werkzeugmaschinen. Organisation, Arbeitsteilung, Qualifikation", Köln 1988.

Poths, W.; Löw, R.: "CAD/CAM-Entscheidungshilfen für das Management", Heidelberg/Frankfurt/M., 1985.

Schonberger, R.J.: "Produktion auf Weltniveau - Wettbewerbsvorteile durch integrierte Fertigung", Frankfurt/New York, 1988.

Sonntag, K.; Kamp, S.; Rebstock, H.: "Qualifizierungskonzept rechnergestützte Fertigung", München 1987.

Verband für Arbeitsstudium REFA e.V. (Hrsg.): "REFA-Methodenlehre des Arbeitsstudiums", München 1984

Verein Deutscher Ingenieure VDI-Hauptgruppe: "Handlungsempfehlung: Sozialverträgliche Gestaltung von Automatisierungsvorhaben", Düsseldorf 1989

Wächter, H.; Modrow-Thiel, B.; Schmitz, G.: "Analyse von Tätigkeitsstrukturen und prospektive Arbeitsgestaltung bei Automatisierung (ATAA)", Köln 1989.

Wildemann, H.: "Die modulare Fabrik. Kundennahe Produktion durch Fertigungssegmentierung", München 1988.

Wildemann, H. (Hrsg.): "Fabrikplanung. Neue Wege - aufgezeigt von Experten aus Wissenschaft und Praxis", Frankfurt/M. 1989.

Wildemann, H.; Bühner, R.: "Strategische Investitionsplanung für neue Technologien", Band 2: "Personalentwicklung für neue Technologien in der Produktion", Stuttgart 1986.

Wingert, B.; Duus, W.; Rader, M.; Riehm, U.: "CAD im Maschinenbau - Wirkungen, Chancen, Risiken", Berlin, Heidelberg, New York, Tokyo, 1984.

Zink, K.-J. u.a.: "Personalstrategien der Zukunft: Wie Unternehmen den technisch-kulturellen Wandel bewältigen", Hamburg, 1988.

Verzeichnis der verwendeten Abkürzungen

AV	=	Arbeitsvorbereitung
BAZ	=	Bearbeitungszentrum
BDE	=	Betriebsdatenerfassung
CAD	=	Computer Aided Design
CAM	=	Computer Aided Manufacturing
CIM	=	Computer Integrated Manufacturing
CNC	=	Computerized Numerical Control
DNC	=	Direct Numerical Control
(E)DV	=	(Elektronische) Datenverarbeitung
FEM	=	Finite Element Methode
FFS	=	Flexibles Fertigungs-System
FHS	=	Flexibles Handhabungs-System
FTS	=	Fahrerloses Transport-System
IR	=	Industrie-Roboter
NC	=	Numerical Control
PPS	=	Produktions-Planung und -Steuerung
QS	=	Qualitätssicherung

Materialanhang

A Fallbeispiele

Systematik der Darstellungen

Die dokumentierten Beispiele sollen zeigen, daß man sehr ähnliche Arbeit auf verschiedenen Arten organisieren kann und daß moderne Formen der Organisation nicht unbedingt auf den massiven Einsatz moderner Informationstechnik angewiesen sind.

Es handelt sich dabei um echte Betriebsbeispiele, die im Rahmen des vom Instituts der deutschen Wirtschaft erarbeiteten Weiterbildungskonzeptes erhoben wurden. Sie beschreiben:

Drei Fertigungsinseln	(Nr. 1-3)
Eine Just-in-Time-Fertigung im Gerätebau	(Nr. 4)
Eine getaktete Produktionslinie	(Nr. 5)
Sechs CNC-Installationen	(Nr. 6-11)
Eine Roboter-Installation	(Nr. 12)
Zwei CAD-Systeme	(Nr. 13,14)

Die Beispiele sind nicht alle als vorbildliche Lösung oder als Rezepte ausgesucht worden; sie sind vielmehr als Anregungen für den Leser gedacht, sich mit praktischen Fällen auseinanderzusetzen und sie auf dem Hintergrund der Prinzipien kritisch zu beurteilen, die in diesem Buch dargestellt sind. Darüber hinaus sollen sie auch einen Anstoß dazu geben, einige Organisationsprobleme des eigenen Betriebes neu zu durchdenken und dabei vielleicht eine etwas bessere Lösung zu finden.

Die Darstellung der Beispiele ist stets nach dem gleichen Schema strukturiert:

1. Übersicht

Hier werden kurz die wesentlichen Eckdaten der vorgestellten Installation zusammengefaßt. Sie ist für den eiligeren Leser gedacht, dem sie die Auswahl erleichtern soll.

2. Betriebliches Umfeld

Es wird das Umfeld skizziert, in welchem das System verankert ist: Daten zum Betrieb, zur Produktion, zu Planung und Steuerung, usw.

3. Systembeschreibung

Das System selbst mit seinen Arbeitsaufgaben, Werkstücken und Ankopplungen an den umgebenden Betrieb wird dargestellt. Layouts wurden fast alle in der Form übernommen, in der sie die Betriebe zur Verfügung stellten. Allerdings waren nicht von allen Anlagen Layouts zu erhalten.

4. Die Arbeitsorganisation des untersuchten Systems ist in schematischer Form wiedergegeben:

Die erste Tabelle enthält Daten zur Anzahl und zur Qualifikation der Mitarbeiter sowie zur Schichtbesetzung.

In den Zeilen der folgenden Tabelle sind Tätigkeiten aufgelistet, in den Spalten die Mitarbeiter des Systems. In den Feldern der Tabellen bedeuten Symbole:

■■■ = die betreffenden Mitarbeiter üben diese Tätigkeit allein aus

▦▦▦ = die betreffenden Mitarbeiter teilen sich diese Tätigkeit mit anderen

Die erste dieser Übersichten gibt eine zusammenfassende Darstellung über die Verteilung von Tätigkeitsarten. Diese wird in den folgenden Tabellen aufgefächert und vertieft.

(Bei den Beispielen 4, 8 und 9 ist der Tabellenteil kürzer)

5. Qualifizierung

Es werden Maßnahmen beschrieben, die der Betrieb zur Qualifizierung der Mitarbeiter durchführte.

6. Planung

Der Absatz enthält Daten und Informationen über Umfang und Dauer des Planungsverfahrens sowie über die Beteiligung von Mitarbeitern an der Planung.

7. Ergebnisse und Erfahrungen

Der Abschnitt beschreibt die Ergebnisse und die Erfahrungen, die der Betrieb bis zum Zeitpunkt der Dokumentation (Mai-Oktober 1988) mit dem System gemacht hat.

FALLBEISPIEL: 1	Fertigungsinsel Elektrogerätebau	Seite 1
ÜBERSICHT		1

1.1 System und Arbeitsaufgaben

Fertigungsinsel in einem Betrieb der Elektrogeräteindustrie. 13 Mitarbeiter fertigen mit insgesamt 22 Arbeitsstationen in 2 Schichten drehähnliche Einzelteile (teilweise auch Endprodukte) in Losgrößen zwischen 1000 und 2000. Der Variantenreichtum der Produktion ist mit 500 bis 1000 verschiedenen Werkstücken sehr hoch.

1.2 Organisation

Die Mitarbeiter der Insel haben in der Planung, der Disposition und der Durchführung ihrer Aufgaben ein Höchstmaß an Autonomie: die Rumpfplanung macht Vorschläge für 2-Wochen- Programme; das endgültige Programm wird von allen Inselmitgliedern und der Planung fest vereinbart. Als Vorgaben werden nur Mengen und Endtermine gegeben. Fein-Reihenfolgeplanung und Feinterminierung sind Aufgaben der Insel. Rückgemeldet werden nur die Fertigstellung von Gesamtaufträgen und Störungen, die nicht in Eigenregie bewältigt werden können. In der Fertigung wird großer Wert darauf gelegt, daß möglichst alle Inselmitarbeiter alle anfallenden Aufgaben erledigen können. NC-Programme werden in der Insel erstellt, wobei die Geometriebeschreibungen von einem CAD-System geliefert werden.

1.3 Planung und Qualifizierung

Die betroffenen Mitarbeiter wurden am Planungsprozeß konsequent beteiligt. Dabei erwiesen sich ihre Informationen oft als präziser und brauchbarer als die der Planungsabteilung.
Der Betrieb legt großen Wert auf einen hohen Qualifizierungsstand der Mitarbeiter mit guten Grundkenntnissen. Umfangreiche Qualifizierungsmaßnahmen finden während der Arbeitszeit statt. Dabei spielt auch die Vermittlung von Planungs- und Sozialkompetenz eine große Rolle.

1.4 Effekte nach 4 Jahren Erfahrungen mit dem System

Man erreichte eine Verkürzung der Durchlaufzeiten um 60 Prozent, eine Verringerung des gebundenen Umlaufkapitals um 20 Prozent, die Verminderung der Gesamtkosten um 10 Prozent und eine Erhöhung des Pro-Kopf-Umsatzes um 25 Prozent.

BETRIEBLICHES UMFELD	2

2.1 Betriebsdaten

Der Zweigbetrieb eines Elektrogerätekonzerns beschäftigt 860 Mitarbeiter, davon ca. 650 in der Produktion (inklusive Montage und Werkzeugbau). Der Facharbeiteranteil liegt bei 33 Prozent.

Es werden Elektromotoren und -geräte vornehmlich nach Kundenspezifikationen gefertigt. Die Auftragsauslösung erfolgt teilweise nach Einzelaufträgen, teilweise nach Rahmenaufträgen mit Abrufen, zum kleineren Teil auch durch Produktion auf Lager.

Die Disposition orientiert sich deshalb sowohl an Kundenaufträgen als auch am Fertigungsprogramm. Fremdbezug erfolgt in größerem Umfang. Die Seriengrößen liegen im kleinen und mittleren Bereich: bei Motoren 1 bis 50 Stück, bei den übrigen Erzeugnissen 50 bis 2000 Stück.

2.2 Produktionsplanung und -steuerung

Die Planung erfolgt mit starker DV-Stützung. Stücklisten, Arbeitspläne und NC-Programme werden über EDV verwaltet. Das Planungssystem erstellt Termin- und Kapazitätsplanungen als Rahmenpläne bzw. Vorschläge für die Inseln. Inner- halb eines Arbeitsvorrates von ca. 2 Wochen sind die Inseln in der Feinter- minierung und der Reihenfolgeplanung autonom. Die Rückmeldung über Fertig- stellung erfolgt wieder über EDV. Die Inselmitarbeiter haben jederzeit über Terminals Zugriff auf die Planungs- und Steuerungsdaten ihrer Insel.

2.3 Grundlinien des Technikeinsatzes

Während der Gesamtkonzern eher technisch zentrierte CIM-Konzepte als Ziel verfolgt, betont der untersuchte Betrieb die Nutzung der menschlichen Fähig- keiten als Produktivitätsfaktor. Die dort erzielten positiven Ergebnisse beginnen auch auf die Philosophie des Konzerns einzuwirken.

2.4 `Neue Techniken` im Betrieb

Seit 10 Jahren hat man Erfahrung mit CNC (27 Maschinen, 2 NC-Programmier- systeme), 4 Jahre DNC-Betrieb (Drehen und Fräsen), 2 flexible Fertigungssysteme, 4 Jahre CAD (mechanische Konstruktion, 3-D-Volumenmodell), 4 Jahre CAD-CNC- Kopplung in der Teilefertigung, 2 Jahre Roboter (Brennschneiden).

SYSTEMBESCHREIBUNG   3

3.1 System und Arbeitsaufgaben

Die Insel fertigt drehähnlichen Einzelteile, teilweise auch Endprodukte komplett. Das System umfaßt 22 Arbeitsstationen, davon sind automatisiert: 2 CNC-Drehmaschinen mit automatischer Stangenzuführung und 2 CNC- BAZ(Fräsen, Bohren) mit manueller Beschickung. Die manuellen Arbeitsstationen umfassen konventionelle Sägeautomaten, Dreh-, Fräs- und Schleifmaschinen, Stempel- und Bohrmaschinen. Die Insel produziert in Doppelschicht.

3.2 Werkstücke

Es werden ca. 500 bis 1000 verschiedene Werkstücke bearbeitet mit maximalen Längen von 400 bis 500 mm. Die häufigsten Auftrags-Losgrößen liegen zwischen 1000 und 2000 Stück, die Bearbeitungszeit pro Werkstück liegt bei ca. 5 Minuten pro Maschine.

3.3 Einbindung in das Umfeld

Der Materialtransport innerhalb der Insel und mit dem umgebenden Betrieb erfolgt manuell über Paletten mit Hub- und Gabelstaplern. Das Prinzip, die direkte Fertigung möglichst von der zentralen Steuerung zu ent- koppeln, wird auch im technischen und im organisatorischen EDV-System erhalten:

| FALLBEISPIEL: | 1 | Fertigungsinsel Elektrogerätebau | Seite | 3 |

Die Inselmitarbeiter verabschieden zusammen mit der Rahmenplanung das 2-Wochen-Programm. Alle weitere Feinplanung erfolgt innerhalb der Insel; die Zentralsteuerung erfährt nur die Fertigstellung einzelner Aufträge.

Der hohe Autonomiegrad der Insel zeigt sich auch im technischen Informationssystem: die vorhandene DNC-Installation wird nicht zur zentralen Steuerung der CNC-Maschinen genutzt, sondern nur zum Abruf der Programme durch die Maschinenbediener.
Konsequenterweise sind die Inselmitglieder als Selbstkontrolleure für die Einhaltung der Qualitätsstandards selbst verantwortlich. Sie führen statistische Qualitätskontrolle selbst durch. Der Qualitätssicherung obliegt nur die Endkontrolle.

| LAYOUT * | 3.4 |

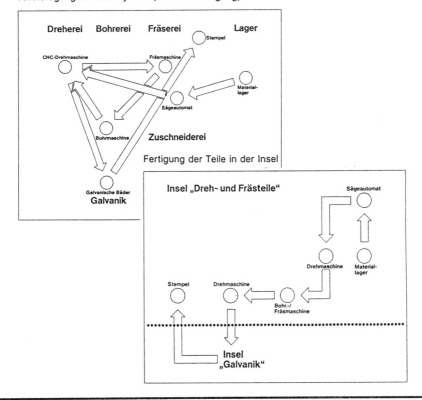

Teilefertigung im alten System (Werkstattfertigung)

Dreherei Bohrerei Fräserei Lager

Stempel

CNC-Drehmaschine Fräsmaschine

Material-lager

Sägeautomat

Bohrmaschine Zuschneiderei

Fertigung der Teile in der Insel

Galvanische Bäder
Galvanik

Insel „Dreh- und Frästeile" Sägeautomat

Drehmaschine Material-lager

Stempel Drehmaschine Bohr.-/Fräsmaschine

Insel „Galvanik"

---

* Hier wurde eine Darstellung von Klingenberg u. Kränzle (a.a.O.) übernommen, die einen fast identischen Fall schildern.

FALLBEISPIEL:	1	Fertigungsinsel Elektrogerätebau	Seite	4

PERSONAL UND ARBEITSORGANISATION - Übersicht   4.1

Mitarbeiter	Qualifikation	Anzahl	Schichtverteilung *			
			normal	früh	spät	nachts
Insel-Leiter	Schlosser (angelernt)	1	■	■	■	
Insel-Fachkräfte	50% Metall-Facharb 50% Angelernte	10	■	■	■	
Insel-Mitarbeiter	Angelernte	2	■	■	■	

* Die Schichteinteilung wird von der Insel autonom vorgenommen

Es führen aus/sind verantwortlich für: ■ = allein ▦ = zusammen mit anderen	Insel-Leiter	Insel-Fach-kräfte	Insel-Mit-arbeiter		
Disposition, Steuerung	▦	▦	▦		
Material, Transport	▦	▦	▦		
Warten, Instandhalten	▦	▦	▦		
Programm erstellen	▦	▦	▦		
Programmkorrektur,-optimierung	▦	▦	▦		
Maschine rüsten	▦	▦	▦		
Informationen rüsten	▦	▦			
Bearbeiten, Überwachen	▦	▦	▦		
Kontrollen	▦	▦	▦		

FALLBEISPIEL:	1	Fertigungsinsel Elektrogerätebau				Seite	5
ARBEITSORGANISATION - Detailstruktur							4.2

Disposition,Steuerung	Insel-leiter	Insel-Fach-kräfte	Insel-Mit-arbeiter	Instand-haltung	
Aufträge verwalten	■	■ *	■ *		
Kapazitätsabgleich Maschinen	■	■ *	■ *		
Kapazitätsabgleich Personal	■	■ *	■ *		
Festlegung Prioritäten	■	■ *	■ *		
Feinterminierung	■	■ *	■ *		
Reihenfolgen festlegen	■	■ *	■ *		
Arbeitsablauf sicherstellen	■	■	■		

* Abhängig vom Qualifikationsstand.

Material,Transport					
Material bereitstellen	■	■	■		
Materialbestand prüfen	■	■	■		
Materialtransport durchführen	■	■	■		
Transportverantwortung	■	■	■		

Warten, Instandhalten					
Pflegen der Anlage	■	■	■		
Einfache Wartung nach Plan	■	■	■		
Einf.elektr. Störungen beheben				■ *	
Einf.mechan. Störungen beheben	■	■		■ *	

* Schlosser und Elektriker müssen lt. Vorschrift gemeinsam erscheinen und arbeiten. Eingriffe der Mannschaft könnten von der Qualifikation her erfolgen,
müssen aber unterbleiben.

FALLBEISPIEL: 1	Fertigungsinsel Elektrogerätebau		Seite 6
ARBEITSORGANISATION - Detailstruktur			4.3

Programmieren, Planen	Insel-leiter	Insel-Fach-kräfte	Insel-Mit-arbeiter		
Programm erstellen *	■	■	■ **		
Programm ändern *	■	■	■ **		
Werkzeugplan erstellen					
Spannplan erstellen					
Bearbeitungsprobl. besprechen	■	■	■		
Bei Ausfällen: Operating	■	■	■ **		

* Steuerungen: Philips, Fanuc, Siemens, Bosch; überwiegend 2, maximal 3 Achsen.
Alle Steuerungen mit Geometrieprozessor, teilweise mit graphisch-dynamischem Bildschirm.
Die meisten Geometrien werden mit CAD erstellt und für die Werkstattprogrammierung bereitgestellt. Die Technologiedaten werden dann direkt an der Steuerung oder in Maschinennähe zugefügt. Dazu steht ein gesonderter Raum im Fertigungsbereich zur Verfügung. Fast alle Programme werden vor Ort erstellt.

Programmiert wird "von jedem, der es kann". Dies sollen auf Dauer möglichst alle Insel-Mitglieder sein.

** Nur in geringem Umfang.

Maschine rüsten, vorbereiten					
Werkzeuge (WZ) voreinstellen	■	■			
WZ, Spannmittel bereitstellen	■	■			
WZ-Einstellung kontrollieren, WZ einsetzen	■	■	■ *		
Spannmittel vorber., aufbauen	■	■			
Werkstück spannen	■	■	■ *		
Sonst. Betr.-Mittel vorbereit.					

* Nur in geringem Umfang.

| FALLBEISPIEL: | 1 | Fertigungsinsel Elektrogerätebau | Seite | 7 |

ARBEITSORGANISATION - Detailstruktur | 4.4 |

Informationen rüsten, vorbereiten	Insel-leiter	Insel-Fach-kräfte	Insel-Mit-arbeiter		
Info-träger einlegen/entnehmen	▦	▦			
Nullpunkt einstellen	▦	▦			
Korrekturschalter nach Plan setzen	▦	▦			
Korrekturschalter nach WZ-Verschleiß setzen	▦	▦			
Probelauf	▦	▦			

Bearbeiten und Überwachen					
Programm starten					
Arbeitsgang beobachten	▦	▦	▦		
Späne brechen, entsorgen	▦	▦	▦		
Werkzeugwechsel	▦	▦			
Betriebszustand überwachen	▦	▦	▦		
Fertigungsfortschritt melden	▦	▦			
Störungen suchen	▦	▦			
Störungsmeldungen auswerten	▦	▦ *			
Kleine Störungen beheben	▦	▦			

* Es werden nur Störungen gemeldet und ausgewertet, die nicht in eigener Regie bewältigt werden können. Alle sonstigen Störungen werden innerhalb der Insel erfaßt und sind dort ggfs. Themen von Qualitäts-Zirkel-Sitzungen.

ARBEITSORGANISATION - Detailstruktur   4.5

Kontrollen	Insel-leiter	Insel-Fach-kräfte	Insel-Mit-arbeiter	Qualitäts sicherung	
Kontr. während der Bearbeitung	■	■	■		
Kontrolle der fertigen Stücke	■	■	■	■	
Prüfprotokolle führen				■	
Prüfstatistik bearbeiten				■	
Ausschuß erfassen	■	■	■	■	
Nacharbeit durchführen	■	■	■		
Nacharbeit erfassen	■	■	■	■	

QUALIFIZIERUNG 5

Das fachliche Wissen aller Inselmitarbeiter wurde (abhängig von ihrer Eingangsqualifikation) in Grund- und Aufbaukursen über Metallbearbeitung aufgefrischt. Allein der Grundkurs Metall I beanspruchte 160 Stunden. Desweiteren wurde ihnen ein CNC-Grundkurs von 100 Stunden vermittelt. Ihre Sozialkompetenz wurde durch ein Lernstatt-/Qualitäts-Zirkel-Moderatorentraining gestärkt.

Alle Kurse fanden im Betrieb statt. Dazu wurden zwei pädagogisch geschulte Mitarbeiter (Lehrer) neu eingestellt. Gerätespezifisches Wissen wurde ebenfalls durch den Betrieb oder aber über den Hersteller vermittelt.
Die organisatorische Kompetenz der Inselleiter und -fachkräfte wurde durch Dispositionslehrgänge mit spezifischer DV-Ausbildung gestärkt. Diese Maßnahme nahm 50 Stunden in Anspruch, die über ein halbes Jahr verteilt waren. Es wurden zunächst 4 Mitarbeiter in dieser Weise geschult.
Die Meister erhielten eine Schulung in Menschenführung durch einen externen Psychologen. Die 2x2-Tage-Kurse wurden als nicht sehr erfolgreich angesehen.

Durch kontinuierlichen Ausbau der Weiterbildung und durch Job-Rotation sollen alle Insel-Mitarbeiter möglichst alle Arbeiten selbständig durchführen können. Die Kursergebnisse werden nach einer Gruppenprüfung zertifiziert. Der Qualifizierungsnachweis hat Einfluß auf die Entlohnung. Ist der Mitarbeiter nicht in der Lage, das Wissen in die Praxis umzusetzen, kann eine Rückstufung erfolgen (Betriebsvereinbarung). Das Kurssystem (Grund- und Aufbaukurse) ist auf Dauer angelegt.

Durchschnittlich nehmen pro Jahr 10 % der Mitarbeiter an Kursen teil. Alle Lehrgänge finden während der Arbeitszeit statt.
Alle Kurse sind so aufgebaut, daß zu Beginn wieder das Lernen gelernt wird.
Es wird Wert darauf gelegt, daß die Teilnehmer befähigt werden, Ihr Know-How an Kollegen weiterzugeben.

PLANUNG DES SYSTEMS   6

Die eigentliche Inselplanung nahm nur 4 Mannwochen in Anspruch, jedoch hatte man vorher 3 Jahre mit anderen Ansätzen experimentiert, die stark von zentralen Planungs- und Steuerungssystemen ausgingen. Die Planung erfolgte durch ein festes Projektteam (Geschäfts-, Bereichs- und Projektleitung), dem Planungsgruppen aus den Bereichen zugeordnet wurden. Dort waren alle Betroffenen in die Planung eingebunden, sie wirkten mit bei der Planung des Hallen-Layouts, welches in vielen Varianten durchgespielt wurde. Teilweise konzentrierte sich aber die Beteiligung auf diejenigen Mitarbeiter, die `etwas dazu beitragen konnten`. Dies waren meistens Facharbeiter. Die Projektarbeit erfolgte während der Arbeitszeit.

Da nur wenig Zeit für die Planung der Inseln benötigt wurde, begann die Qualifizierung mit der Umstellung der Maschinen.

Das Projekt war öffentlich gefördert und erlaubte daher die Erprobung mehrerer Wege. Als besonders effizient erwies sich die starke Beteiligung der Betroffenen. Es stellte sich heraus, daß bei der Viel-Produkt-Fertigung das Wissen der Planungsabteilung sehr schnell veraltet: 80 Prozent aller relevanten Informationen stammten aus der Produktion; alte Montagearbeiterinnen trugen dazu überraschend viel bei.

Die Grundlage des Planungsverfahrens soll beibehalten werden: Vorgabe einer organisatorischen Leitlinie von oben, Detaillierungen und Feinplanungen von unten.

Die intensive Einbindung des Betriebsrates in die Planungsprozesse erwies sich als ein hervorragendes Instrument zur Vermeidung von Konflikten.

ERGEBNISSE UND ERFAHRUNGEN   7

Die ursprünglichen Ziele: Optimierung des Material- und Informationsflusses und der Abbau von Beständen wurden voll erreicht. Außerdem konnten die Durchlaufzeiten um 60 Prozent gesenkt werden, wodurch wiederum die Bestände um 30 Prozent sanken und dadurch das darin gebundene Umlaufkapital um 20 Prozent vermindert werden konnte.

Die Fertigungsfläche konnte um 40 Prozent vermindert werden. Die Anzahl der indirekt Beschäftigten sank um 20 Prozent, die der direkt Beschäftigten stieg dagegen um 7 Prozent.
Dies alles hatte zur Folge, daß die Gesamtkosten des Betriebes um 10 Prozent gesenkt werden konnten und der Umsatz pro Kopf um 25 Prozent stieg.

Die Betriebsleitung ist überzeugt davon, daß diese günstigen Ergebnisse nahezu ausschließlich auf die Veränderung der Arbeitsorganisation und die damit verbundene hohe Qualifizierung der Mitarbeiter zurückzuführen sind. Der Erfolg ist im wesentlichen davon abhängig, daß die Umgestaltung von oben getragen wird. Ist die Unternehmensspitze nicht vor Ort, muß sie zumindest einen Aktionsradius für Experimente zulassen. Die Führung vor Ort muß voll hinter dem Projekt stehen, es aktiv fördern und Widerstände ausräumen.

Solche Widerstände treten sowohl in den Führungsetagen als auch bei den Betroffenen auf: Im Management ist es neben dem Abteilungsegoismus vor allem die betriebswirtschaftliche Orientierung, die das Erkennen nicht direkt berechenbarer Nutzen erschwert. In der direkten Fertigung sind es die Folgen von Spezialisierung und Gängelung, die zu überwinden sind. So waren die Meister jahrelang nichts anderes als Terminverfolger. Als ihnen diese wesentliche Funktion genommen wurde, sahen sie sich ernstlich bedroht. Sie mußten wieder auf eigentliche Meisterfunktionen geschult werden: Anlernen, Beraten, Führen und Koordinieren.

FALLBEISPIEL:	2	Fertigungsinsel Gehäuse	Seite	1
ÜBERSICHT				1

1.1 System und Arbeitsaufgaben

In einer Fertigungsinsel mit 2 Haupt- und 28 Nebenmaschinen werden komplizierte Gehäuseteile komplett gefertigt, wobei die Teile mehrmals auf den gleichen Maschinen bearbeitet werden müssen.

1.2 Organisation

In der Fertigungsinsel sind insgesamt 12 Personen eingesetzt, von denen 8 in Doppelschicht arbeiten.
Feinterminierung und Reihenfolgeplanung wurden schrittweise aus dem Fertigungssteuerungssystem ausgegliedert und den Arbeitsteams mit einem Arbeitsvorrat von einer Woche direkt übertragen. Die Feinplanung wird dort in Absprache mit dem Meister vorgenommen.
Bei der direkten Fertigung versucht man zumindest innerhalb der einzelnen eingesetzten Techniken Spezialisierungen so weit wie möglich zu vermeiden.

1.3 Planung und Qualifizierung

Da nur eine Umstellung von Maschinen, von Transport- und Steuerungsverläufen zu planen war, hielt sich der Aufwand in Grenzen. Ebenso mußte für die Qualifizierung nur wenig aufgewendet werden, weil man über erfahrenes Personal verfügte, welches an den gleichen Maschinen schon arbeitete. Während die fachlich-technischen Kenntnisse für die gewohnten Arbeiten keine Probleme bereiteten, begannen die Schwierigkeiten da, wo die gegenseitige Vertretung benötigt wurde. Man versucht, dies durch gezielte Job-Rotation zu verbessern. Bei einigen Mitarbeitern sind jedoch zur Verbesserung des Wissens noch Kurse notwendig.
Die Vorgesetzten wurden extern geschult, wobei vor allem die Förderung ihrer Teamfähigkeit notwendig war.

1.4 Erfahrungen nach einem halben Jahr

Trotz der zeitlich nur sehr geringen Erfahrung mit dem Inselprinzip sind bereits Erfolge im Bereich der Durchlaufzeiten (minus 40 Prozent) zu verzeichnen. Die Bestände haben sich konsequenterweise verringert, Produktivität und Flexibilität sind verbessert.

BETRIEBLICHES UMFELD	2

2.1 Betriebsdaten

Der Betrieb baut mit 410 Mitarbeitern (davon 200 in der Produktion) sehr komplizierte Regel- und Meßgeräte. Der Facharbeiteranteil liegt bei 90 Prozent. Die Produkte sind zwar standardisiert, werden aber praktisch nur in kundenspezifischen Varianten gefertigt.
Über diese Varianten liegen meist Rahmenaufträge vor, von denen abgerufen wird. Im Vorgriff auf die Abrufe kann deshalb auch auf Lager produziert werden.
Die Geräte werden in kleinen Serien (1 bis 50 Stück) gefertigt; da die Fertigungstiefe sehr groß ist, spielt der Fremdbezug nur eine geringe Rolle.

2.2   Produktionsplanung und -steuerung

Sowohl die lang-, mittel- und kurzfristige Planung als auch die Steuerung des
Betriebes sind stark EDV-gestützt (inklusive Stücklisten-, Arbeitsplan-, NC-
Programm- und Prüfplanverwaltung sowie Auftragsfortschritts-Verfolgung).
Die Auftragsfreigabe erfolgt für den einzelnen Arbeitsplatz mit einem
Arbeitsvorrat von einer Woche. Die Feinterminierung und die Reihenfolgeplanung
werden vom Meister zusammen mit den Mitarbeitern durchgeführt.

2.3   Grundlinien des Technikeinsatzes

Man versucht, die Technik bewußt als Werkzeug des Menschen zu sehen. Ohne die
menschliche Flexibilität geht es nicht. Von der Geschäftsleitung ist ein
Arbeitskreis zu Fragen des Einsatzes von Organisationsmitteln zur Unterstützung
der menschlichen Fähigkeiten eingerichtet worden. An diesem Kreis nehmen teil:
die Geschäftsleitung, die Abteilungsleitungen, manchmal ein externer Berater.

2.4   `Neue Techniken` im Betrieb

Der Betrieb arbeitet seit 15 Jahren mit CNC-Steuerungen (derzeit 14 Maschinen in
verschiedenen Anwendungen, 4 Terminals für NC-Programmiersysteme). Seit 12
Jahren wird DNC eingesetzt (Drehen, Fräs-/Bohr-Bearbeitungszentrum). Seit einem
Jahr wird für die mechanische Konstruktion mit einem CAD-System gearbeitet
(4 Terminals, 3-D-Volumen-Modell). Das CAD- System ist mit der Arbeitsplanung
gekoppelt. Die Verknüpfung mit der NC-Programmierung befand sich zum Erhebungszeitpunkt noch in der Testphase.

SYSTEMBESCHREIBUNG   3

3.1   System und Arbeitsaufgabe

In einer Fertigungsinsel werden sehr komplexe Gehäuseteile komplett bearbeitet.
Die Insel umfaßt 7 Haupt- und 28 Nebenmaschinen. Diese Maschinen waren zum
Erhebungszeitpunkt etwa ein halbes Jahr zu einer Fertigungsinsel zusammengefaßt.
Von den Arbeitsstationen sind automatisiert: 4 Bearbeitungszentren (Fräsen,
Bohren) und eine CNC-Fräsmaschine. Die Beschickung der Maschinen erfolgt
manuell. Die Bearbeitungszentren werden in 2 Schichten genutzt, die Fräsmaschine
in einer Schicht.
Es sind in bedeutendem Umfang manuelle Entgratungsarbeiten notwendig
(komplizierte Feinmechanikerarbeit mit Präzisionswerkzeugen). Diese Arbeiten
erfolgen nur in der Normalschicht.

3.2   Werkstücke

Zum Erhebungszeitpunkt wurden 16 verschiedene Werkstücke mit Auftragslosgrößen
zwischen 1 und 30 Stück bearbeitet. Mit Abmessungen von ca. 50 x 50 x 50 mm bis
300 x 300 x 300 mm waren die Teile zwar relativ klein, nahmen aber bedeutende
Bearbeitungszeiten in Anspruch: zwei Stunden auf den Bearbeitungszentren,
30 Minuten auf der CNC-Fräsmaschine, 4 Stunden in der Entgratung. Die langen
Zeiten auf den Bearbeitungszentren sind darauf zurückzuführen, daß die Teile
nach anderen Bearbeitungsgängen mehrfach wieder auf der gleichen Maschine
aufgespannt werden müssen.

63

3.3   Einbindung in das Umfeld

Der Materialtransport erfolgt manuell über Wagen und Paletten. Gelagert wird
auf Regalen.

Die Bearbeitungszentren laufen unter DNC. Der Prozeßrechner (VAX) ist an einen
IBM-Host gekoppelt, mit dem auch das CAD-System und die Qualitätssicherung
verknüpft sind.

Die Auftragsfreigabe erfolgt über EDV; die weitere Auftragsverwaltung geschieht
manuell. Automatisierte Datenerfassung (BDE) läuft nur auf den Bearbeitungszentren.
Die Insel wurde schrittweise aus dem sonst betriebsüblichen Fertigungssteuerungssystem ausgegliedert. Sie ist nun innerhalb eines Arbeitsvorrates von
einer Woche in der Feinplanung autonom und meldet nur noch die Fertigstellung
von Aufträgen. Sie behält allerdings auch die Terminverantwortung dann, wenn die
Teile zwischenzeitlich den Inselbereich zum Glühen verlassen müssen.

Die Qualitätssicherung führt nur Kontrollen an den Fertigstücken durch. Sonst
sind die Mitglieder der Insel Selbstkontrolleure. Prüfungen erfolgen für die
wichtigsten Merkmale zu 100 Prozent, sonst nach statistischen Kriterien.
Prüfmerkmale sind Maße, Oberflächen, Geometrien. An Prüfmitteln stehen den
Inseln alle gängigen Geräte zur Verfügung, von der Schieblehre bis zur
Meßmaschine.

64

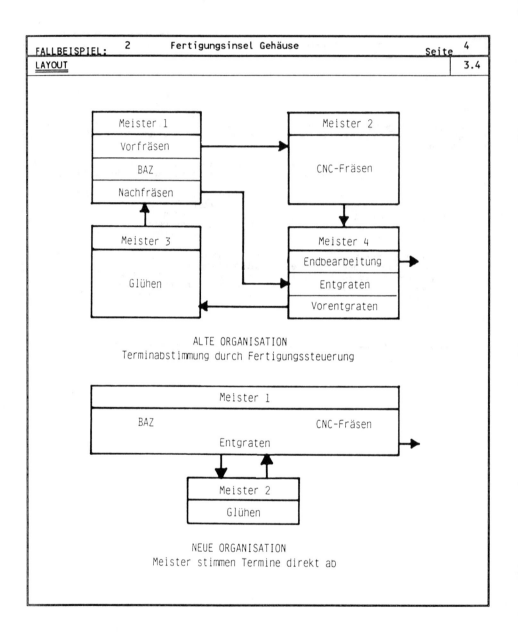

ALTE ORGANISATION
Terminabstimmung durch Fertigungssteuerung

NEUE ORGANISATION
Meister stimmen Termine direkt ab

FALLBEISPIEL:	2	Fertigungsinsel Gehäuse				Seite	5
PERSONAL UND ARBEITSORGANISATION - Übersicht							4.1

Mitarbeiter	Qualifikation	Anzahl	Schichtverteilung			
			normal	früh	spät	nachts
BAZ-Fräser *	Facharbeiter	8		■	■	
CNC-Fräser *	Facharbeiter	2	■			
Entgrater	Facharbeiter	2	■			

* Zwischen diesen Gruppen findet Job-Rotation statt.

Es führen aus/sind verantwortlich für: ■ = allein ▨ = zusammen mit anderen	BAZ-Fräser	CNC-Fräser	Entgrater	
Disposition, Steuerung	▨	▨	▨	
Material, Transport	▨	▨	▨	
Warten, Instandhalten	▨	▨	▨	
Programm erstellen				
Programmkorrektur,-optimierung	▨	▨	▨	
Maschine rüsten	▨	▨	▨	
Informationen rüsten	▨	▨		
Bearbeiten, Überwachen	▨	▨	▨	
Kontrollen	▨	▨	▨	

FALLBEISPIEL: 2	Fertigungsinsel Gehäuse			Seite 6	
ARBEITSORGANISATION - Detailstruktur				4.2	

Disposition,Steuerung	BAZ-Fräser	CNC-Fräser	Entgrater		
Aufträge verwalten	▦	▦	▦		
Kapazitätsabgleich Maschinen	*				
Kapazitätsabgleich Personal	*				
Festlegung Prioritäten	▦ **	■	■		
Feinterminierung	▦ **	■	■		
Reihenfolgen festlegen	▦ **	■	■		
Arbeitsablauf sicherstellen	■	■			

* = geplant
** = In Abstimmung mit dem Meister

Material,Transport				
Material bereitstellen				
Materialbestand prüfen	■	■	■	
Materialtransport durchführen	▦	▦	▦	
Transportverantwortung	▦	▦	▦	

Warten, Instandhalten				
Pflegen der Anlage	■	■	■	
Einfache Wartung nach Plan				
Einf.elektr. Störungen beheben		■		
Einf.mechan. Störungen beheben				

FALLBEISPIEL:	2	Fertigungsinsel Gehäuse		Seite 7
ARBEITSORGANISATION - Detailstruktur				4.3

Programmieren, Planen	BAZ-Fräser	CNC-Fräser	Entgrater		
Programm erstellen *					
Programm ändern *	▓	▓			
Werkzeugplan erstellen	▓	▓			
Spannplan erstellen	▓	▓			
Bearbeitungsprobl. besprechen	▓	▓	▓		
Bei Ausfällen: Operating	▓				

* Fanuc-Steuerungen mit Geometrieprozessor; 1 BAZ mit 5 Achsen, alle anderen CNC-Maschinen mit 3 Achsen.
Die Programme werden von 2 Fertigungsplanern in der AV erstellt und zusammen mit dem Meister und den Fräsern korrigiert.

Maschine rüsten, vorbereiten				
Werkzeuge (WZ) voreinstellen	■	■		
WZ, Spannmittel bereitstellen	■	■	■	
WZ-Einstellung kontrollieren, WZ einsetzen	■	■		
Spannmittel vorber., aufbauen	■	■		
Werkstück spannen	■	■		
Sonst. Betr.-Mittel vorbereit.			■	

FALLBEISPIEL: 2 Fertigungsinsel Gehäuse			Seite 8	
ARBEITSORGANISATION - Detailstruktur				4.4

Informationen rüsten, vorbereiten	BAZ-Fräser	CNC-Fräser	Entgrater		
Info-träger einlegen/entnehmen	■	■			
Nullpunkt einstellen	■	■			
Korrekturschalter nach Plan setzen	■	■			
Korrekturschalter nach WZ-Verschleiß setzen	■	■			
Probelauf	■				

Bearbeiten und Überwachen					
Programm starten	■	■			
Arbeitsgang beobachten	■	■			
Späne brechen, entsorgen	■	■			
Werkzeugwechsel	■	■			
Betriebszustand überwachen	■	■			
Fertigungsfortschritt melden	■	■	■		
Störungen suchen	▦ *	▦ *			
Störungsmeldungen auswerten	▦	▦	▦		
Kleine Störungen beheben					

* Meist zusammen mit dem Wartungs- und Instandhaltungspersonal

| FALLBEISPIEL: | 2 | Fertigungsinsel Gehäuse | | | Seite | 9 |

ARBEITSORGANISATION - Detailstruktur   4.5

Kontrollen	BAZ-Fräser	CNC-Fräser	Entgrater		
Kontr. während der Bearbeitung	■	■	■		
Kontrolle der fertigen Stücke	▥ *	▥ *	▥ *		
Prüfprotokolle führen					
Prüfstatistik bearbeiten					
Ausschuß erfassen	▥ *	▥ *	▥ *		
Nacharbeit durchführen	■	■	■		
Nacharbeit erfassen	■	■	■		

* Zusammen mit der Qualitätssicherung

QUALIFIZIERUNG   5

BAZ-, CNC-Fräser hatten durch lange CNC-Erfahrung gute Vorkenntnisse. Technisch-fachliche Inhalte mußten nicht vermittelt werden, da nur eine Umorganisation durchgeführt wurde. Zur Erhöhung der Flexibilität wird gezielt Job-Rotation durchgeführt.
Bei den Entgratern waren ausreichende Vorerfahrungen vorhanden. Für die geplante Job-Rotation mit den Fräsern sind jedoch noch Spanungskurse notwendig.

Die Kenntnisse der Vorarbeiter und Meister in Planung und Disposition wurden in externen Lehrgängen über Produktions-Planungs-Systeme (PPS) und in einem Workshop des Arbeitskreises Wirtschaftliche Fertigung (AWF) verbessert. Eine weitere externe Maßnahme diente dazu, ihre Teamfähigkeit zu verstärken.

PLANUNG   6

Die Planung der Umstellung war mit einem Zeitbedarf von 10 Monaten und einem Aufwand von etwa 1 Mannmonat wenig aufwendig. An der Planung wirkten mit: die Fertigungssteuerung, die Arbeitsvorbereitung und die Meister. Die Zieldefinition der Planung erfolgte durch die Geschäftsleitung. Die Arbeitsorganisation und die Ermittlung des Qualifizierungsbedarfes wurden weitgehend vom Meister und der Arbeitsvorbereitung nach Rücksprache mit den Betroffenen bestimmt.

| FALLBEISPIEL: | 2 | Fertigungsinsel Gehäuse | Seite | 10 |

Die Auswahl der Mitarbeiter für das neue Arbeitssystem ergab sich aus dem alten System. Ein Mitarbeiter wurde allerdings innerbetrieblich versetzt, weil das Team nicht mit ihm zusammenarbeiten wollte.
Die Qualifizierungsmaßnahmen für Vorgesetzte begannen vor der Umstellung.
Der Betriebsrat wurde von der beabsichtigten Umstellung informiert, verhielt sich aber neutral.
Da der Betrieb eingearbeitete Leute einsetzen konnte, mußte nur sehr wenig in Qualifizierung investiert werden. Man ist sich jedoch im Klaren darüber, daß bei neu hinzukommenden Mitarbeitern ein erheblich höherer Qualifizierungsaufwand notwendig sein wird.

ERGEBNISSE UND ERFAHRUNGEN NACH CA. 6 MONATEN | 7

Bereits nach einem halben Jahr hatten sich die Durchlaufzeiten um 40 Prozent verringert. Man erwartet noch bessere Werte, wenn die DV-gestützten Hilfsmittel für die Disposition installiert sind. Eine weitere Verkürzung der Zeiten erhofft man sich durch die Qualifizierung der Feinmechaniker (Entgrater) auf CNC-Arbeiten. Die Bestände haben sich deutlich verringert, die Produktivität wurde wesentlich verbessert. Ebenso haben sich die Ablauf- und die Einsatzflexi bilität stark verbessert. Die Motivation der Mitarbeiter ist beachtlich gestiegen. Man ist überzeugt davon, daß man diese positiven Veränderungen nicht ohne die Umstellung der Arbeitsorganisation auf das Inselprinzip erreicht hätte. Wesentlich dafür ist aber auch die Qualifizierung der Mitarbeiter.

Die bei der Umstellung der Organisation auf das Inselprinzip auftretenden Probleme werden im Wesentlichen darauf zurückgeführt, daß die Mitarbeiter und Meister durch das arbeitsteilige Organisationsprinzip des Betriebes jahrelang von der Verantwortung entwöhnt wurden. Sie müssen erst wieder an Planung, Disposition und eigenverantwortliche Qualitätskontrollen herangeführt werden.

Der Betrieb gibt folgende Empfehlungen:

Die Führungsebene sollte neutral auf externen Seminaren für den Einsatz von Fertigungsinseln geschult werden, sonst kann die Entwicklung wegen fehlender Information abgeblockt werden. Ebenso sind alle Mitarbeiter frühzeitig zu informieren, da sonst nur unproduktive Ängste und Vermutungen entstehen.
Bei der Zusammenstellung von Teams muß darauf geachtet werden, daß die Leute auch `miteinander können`.

FALLBEISPIEL: 3	Fertigungsinsel Pleuel	Seite	1
ÜBERSICHT			1

1.1 System und Arbeitsaufgaben

20 Mitarbeiter fertigen in zwei Schichten auf 12 Arbeitsstationen ca. 20 verschiedene Pleuel in Losgrößen von 50 bis 500 Stück.

1.2 Organisation

Die Fertigungssteuerung gibt Arbeitsvorräte für 4 bis 6 Wochen mit festen Endterminen und Sonderprioritäten für alle Teile frei. Die Feinplanung erfolgt durch den Meister und die Inselmannschaften. Ein BDE-System meldet nur Auftragsdaten, aber keine Maschinendaten zurück. Zirka 50 Prozent der Drehprogramme werden in der Werkstatt erstellt.

1.3 Planung und Qualifizierung

Die Planungsdauer war mit 2,5 Jahren dem Investitionsvolumen von 1,6 Millionen angemessen.
Die Beteiligung der Betroffenen an der Planung fand im Wesentlichen über die Vorgesetzten statt. Nur in Einzelfällen wurden sie direkt hinzugezogen.

Alle Inselmitglieder (außer Werkhelfern) erhielten einen Grundkurs in CNC-Technik und eine gerätespezifische Ausbildung, sowie einen Kurs über Qualitätswesen; die Meister und Vorarbeiter durchliefen Weiterbildungsmaßnahmen über Führung, Teamarbeit und Motivationstechniken zur Verbesserung ihrer Sozialkompetenz. Durch gesteuerte Job-Rotation strebt man ein gleichmäßig hohes Qualifikationsniveau an.

1.4 Erfahrungen nach 9 Monaten

Die Fertigungszeiten verringerten sich um 10 Prozent, die Durchlaufzeiten um 65 Prozent, die Bestände in den Kostenstellen ebenfalls um 65 Prozent, der Flächenbedarf um 15 Prozent. Probleme bereiten noch Qualifizierungsmängel und, damit zusammenhängend, das Verantwortungsbewußtsein sowie der Teamgeist der Mannschaft.

BETRIEBLICHES UMFELD	2

2.1 Betriebsdaten

Der Betrieb, ein Gerätebauer mit über 1000 Mitarbeitern und einem Facharbeiteranteil von 73 Prozent, stellt vor allem Motoren her, die als Typreihen mit kundenspezifischen Varianten produziert werden. Es wird sowohl nach Einzelaufträgen produziert als auch auf Lager, wobei allerdings die Disposition überwiegend Kundenauftrags-orientiert erfolgt. Der Fertigung mit mittlerer Tiefe entspricht ein Fremdbezug in größerem Umfang. Die Seriengrößen sind gering: In der Sonderfertigung 1 bis 20 Stück, sonst 10 bis max. 200 Stück.

2.2 Produktionsplanung und Steuerung

Produktionsplanung, Arbeitsvorbereitung und Fertigungssteuerung werden stark durch DV unterstützt. Dazu werden konzerneigene Softwareprodukte eingesetzt. Üblicherweise werden im Betrieb die Feinterminierung und die Reihenfolgeplanung für den einzelnen Arbeitsplatz mit einem Arbeitsvorrat von 1 bis 3 Tagen vom Steuerungssystem vorgegeben. Die neu eingerichteten Fertigungsinseln bilden mit einer Feinsteuerung durch den Meister und die Inselmitglieder und Arbeitsvorräten von 4 bis 6 Wochen eine Ausnahme.

2.3 Grundlinien des Technikeinsatzes

Der Betrieb verfolgt traditionell stark technikzentrierte Lösungen. Erst in den letzten Jahren gewinnt eine Mensch-Technik-Orientierung an Boden. Dies ist weniger das Ergebnis theoretischer Überlegungen als praktischer Anlässe (Probleme mit der zentralen Steuerung und gleichzeitig Verbilligung der Mikroelektronik).

2.4 `Neue Techniken` im Betrieb

Seit 13 Jahren wird CNC eingesetzt (derzeit mit ca. 200 Maschinen und 2 NC-Programmiersystemen). In der mechanischen Konstruktion wird seit 4 Jahren CAD als 3-D-Volumen-Modell genutzt. DNC und CAD/CAM-Kopplungen befinden sich im Planungsstadium.

SYSTEMBESCHREIBUNG   3

3.1 System und Arbeitsaufgabe

Die Insel fertigt mit 12 Arbeitsstationen Pleuel (Kopierfräsen, Bohren, Schleifen, Wuchten und Montieren).
Es sind automatisiert: 10 spanende CNC-Maschinen mit manueller Beschickung, Montageeinrichtungen (teilweise), CNC-gesteuerte Mehrstellen-Meßmaschine. Manuell werden durchgeführt: Montage (teilweise), Prüfen, Waschen, Entgraten, Konservieren, Finish. Die Insel lief zum Erhebungszeitpunkt in 2 Schichten.

3.2 Werkstücke

Es werden ca. 20 verschiedene Werkstücke (Pleuel und Lagerschalen) von 400 bis 600 mm Länge bearbeitet. Die Auftragslosgrößen schwanken zwischen 50 und 500 Stück. Die Bearbeitungszeiten liegen auf den maschinellen Arbeitsstationen bei etwa 100 bis 200 Minuten pro Werkstück, bei den manuellen Stationen bei etwa 25 bis 30 Minuten.

3.3 Einbindung in das Umfeld

Der Materialfluß wird durch manuell gesteuerte Flurförderzeuge sichergestellt. NC-Programme werden teilweise in der Werkstatt manuell eingegeben oder über NC-Lochstreifen eingelesen. Der geplante DNC-Betrieb soll eher eine bessere Verwaltung der NC-Programme gewährleisten als eine direkte Steuerung der Maschinen. Die Prüfdokumentation erfolgt manuell.

| FALLBEISPIEL: | 3 | Fertigungsinsel Pleuel | Seite | 3 |

Das vorhandene BDE-System wird nur für die Übermittlung von Auftragsdaten, nicht aber von Maschinendaten genutzt. Die Insel erhält von der zentralen Fertigungssteuerung einen Arbeitsvorrat von 4 bis 6 Wochen mit festen Endterminen, wobei Sonderprioritäten für Eilaufträge gelten. Reihenfolgeplanung und Feinterminierung werden durch die Meister und die Inselmannschaften durchgeführt. Dazu hat die Fertigung über ein Terminal Zugriff auf Zentraldateien (Betriebsmittel, Auftragsvorräte, etc.).

| **LAYOUT** | 3.4 |

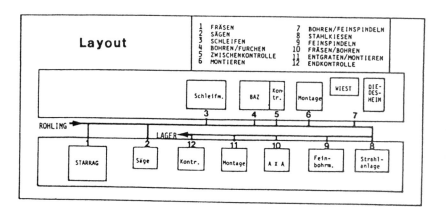

74

FALLBEISPIEL:	3	Fertigungsinsel Pleuel		Seite	4

PERSONAL UND ARBEITSORGANISATION - Übersicht | 4.1

Mitarbeiter	Qualifikation	Anzahl	Schichtverteilung			
			normal	früh	spät	nachts
Meister	Ind.-Meister Metall	1	■			
Einrichter	Facharbeiter Metall	1		■	■	
Werkhelfer	Ungelernt	1		■	■	
Werker	Facharbeiter Metall	17		■	■	

Es führen aus/sind verantwortlich für:

■ = allein
▦ = zusammen mit anderen

	Meister	Ein-richter	Werk-helfer	Werker
Disposition, Steuerung	▦	▦		▦
Material, Transport	▦	▦	▦	▦
Warten, Instandhalten			▦	▦
Programm erstellen		▦ *		
Programmkorrektur,-optimierung		▦		
Maschine rüsten		▦	▦	▦
Informationen rüsten			▦	▦
Bearbeiten, Überwachen			▦	▦
Kontrollen			▦ **	▦ **

  * = zusammen mit der Arbeitsvorbereitung
 ** = zusammen mit der Qualitätssicherung

FALLBEISPIEL: 3	Fertigungsinsel Pleuel			Seite 5

ARBEITSORGANISATION - Detailstruktur				4.2

Disposition,Steuerung	Meister	Ein-richter	Werk-helfer	Werker	
Aufträge verwalten	■	■			
Kapazitätsabgleich Maschinen	■	■			
Kapazitätsabgleich Personal	■ *				
Festlegung Prioritäten	■	■			
Feinterminierung	■	■			
Reihenfolgen festlegen	■	■			
Arbeitsablauf sicherstellen	■	■	■	■	

* = zusammen mit dem Werkstattleiter

Material,Transport					
Material bereitstellen					
Materialbestand prüfen					
Materialtransport durchführen*	■	■	■	■	
Transportverantwortung					

* nur innerhalb der Insel. Alle anderen Transportaufgaben sind Sache der Materialwirtschaft.

Warten, Instandhalten					
Pflegen der Anlage			■	■	
Einfache Wartung nach Plan *			■	■	
Einf.elektr. Störungen beheben	**				
Einf.mechan. Störungen beheben			■	■	

* Filter wechseln u.ä.   ** Ist Sache der Instandhaltung

Programmieren, Planen	Meister	Ein-richter	Werk-helfer	Werker	
Programm erstellen *		■			
Programm ändern *		■		■	
Werkzeugplan erstellen **		■		■	
Spannplan erstellen					
Bearbeitungsprobl. besprechen	■	■	■	■	
Bei Ausfällen: Operating					

* Es werden 3 Achsen maschinennah programmiert (Schreiben von Hand und Ein-
tippen). Geometrieprozessor ist vorhanden, aber kein graphisch-dynamischer
Bildschirm. Von den Drehprogrammen werden ca. 50 Prozent maschinennah/
-gebunden programmiert, ebenso die meisten anderen kleinen Programme (ca.
20 - 50 Sätze). Alle übrigen Programme schreibt die Arbeitsvorbereitung.

** Ist Sache der Arbeitsvorbereitung

	Meister	Ein-richter	Werk-helfer	Werker	
Maschine rüsten, vorbereiten					
Werkzeuge (WZ) voreinstellen					
WZ, Spannmittel bereitstellen		■			
WZ-Einstellung kontrollieren, WZ einsetzen		■			
Spannmittel vorber., aufbauen		■	■	■	
Werkstück spannen			■	■	
Sonst. Betr.-Mittel vorbereit.			■	■	

FALLBEISPIEL: 3	Fertigungsinsel Pleuel			Seite	7
ARBEITSORGANISATION - Detailstruktur					4.4

Informationen rüsten, vorbereiten	Meister	Ein-richter	Werk-helfer	Werker	
Info-träger einlegen/entnehmen			■	■	
Nullpunkt einstellen			■	■	
Korrekturschalter nach Plan setzen		■	■		
Korrekturschalter nach WZ-Verschleiß setzen			■	■	
Probelauf			■	■	

Bearbeiten und Überwachen					
Programm starten			■	■	
Arbeitsgang beobachten			■	■	
Späne brechen, entsorgen				■	
Werkzeugwechsel			■	■	
Betriebszustand überwachen			■	■	
Fertigungsfortschritt melden *					
Störungen suchen		■			
Störungsmeldungen auswerten					
Kleine Störungen beheben **			■	■	

* geschieht über ein BDE-System

** ist im übrigen Sache der Instandhaltung

FALLBEISPIEL:	3	Fertigungsinsel Pleuel			Seite	8

ARBEITSORGANISATION - Detailstruktur | 4.5

Kontrollen	Meister	Ein-richter	Werk-helfer	Werker	
Kontr. während der Bearbeitung			▓	▓	
Kontrolle der fertigen Stücke			▓	▓	
Prüfprotokolle führen *			▓	▓	
Prüfstatistik bearbeiten **					
Ausschuß erfassen **					
Nacharbeit durchführen	▓	▓	▓		
Nacharbeit erfassen **					

* Härten, Maße   ** ist Aufgabe der Qualitätssicherung

QUALIFIZIERUNG 5

Alle Qualifizierungsmaßnahmen wurden im eigenen Betrieb durch eigene Fachkräfte
(z.B. Werkstattleiter) durchgeführt.
Meister, Einrichter und Werker durchliefen jeweils einwöchige Kurse über CNC
(Grundkurs) und Qualität, Messen und Toleranzen. Darauf aufbauend folgten
gerätespezifische Kurse von jeweils 1 Woche Dauer. Meister und Einrichter wurden
darüberhinaus in das BDE-System eingewiesen. Meister und Vorarbeiter wurden in
Führung, Teamarbeit und Moderationstechniken geschult. Für die Arbeitsvorbereitung wurden eigene Qualitätskurse eingericht. Lehrkräfte waren eigene
Fachkräfte, u.a. der Werkstattleiter.

PLANUNG 6

Die Planung für die Insel nahm etwa zweieinhalb Jahre in Anspruch, wobei die
meiste Zeit auf die technische Planung der 1,6 Millionen-Investition verwendet
wurde.
Betroffene wurden fallweise bei der Planung hinzugezogen, insbesondere bei der
Planung der Arbeitsorganisation. Jedoch waren die Meister ständig in die
Planungsarbeiten eingeschaltet. Für das neue System wurde das Personal des
alten Arbeitssystems übernommen. Die nicht für die neue Produktion notwendigen
Mitarbeiter wurden innerbetrieblich umgesetzt.

FALLBEISPIEL:	3	Fertigungsinsel Pleuel	Seite	9
ERGEBNISSE UND ERFAHRUNGEN				7

Bewertung nach 9 Monaten Laufzeit:

Die wesentlichen Ziele, die man mit der Umstellung erreichen wollte, waren schon schnell realisiert: Die Durchlaufzeiten verringerten sich um 65 Prozent, die realen Rüstzeiten um 40 Prozent, die gesamten Fertigungszeiten um 10 Prozent. Die Bestände in den Kostenstellen waren um 65 Prozent zurückgegangen, die Anzahl der Arbeitsvorgänge reduzierte sich um 30 Prozent, der Flächenbedarf um 15 Prozent.

Wenn auch ein Teil der Verbesserungen der installierten Technik zuzurechnen ist, so ist man jedoch davon überzeugt, daß ohne die gleichzeitige organisatorische Umstellung auf das Inselprinzip diese Erfolge nicht erreicht worden wären.

Durch zusätzliche Qualifizierungsmaßnahmen verspricht man sich eine Stärkung des Verantwortungsbewußtseins und des Teamgeistes und damit eine weitere Verbesserung von Flexibilität und Qualität der Produktion. Die größeren Schwierigkeiten im Umstellungsprozeß verursachte allerdings das mittlere Management: Abteilungsegoismen und die damit verbundenen Machtprobleme konnten manchmal nur durch Entscheidungen des oberen Managements bereinigt werden.

FALLBEISPIEL: 4	Montage Schweißgeräte	Seite 1
ÜBERSICHT		1

1.1 System und Arbeitsaufgabe

In der Fertigung für Schweißgeräte muß das Lager eine ständige Lieferbereitschaft (24 Stunden) bei ca. 15 Typen mit einer hohen Anzahl von Varianten und
kleinsten Lieferlosen garantieren.
Dazu wurde eine rein manuell betriebene Just-in-Time-Montage installiert, bei
der für jeden Gerätetyp ein Montageplatz vorgehalten wird. Die Anzahl der
Arbeitsplätze ist größer als die Anzahl der Montagearbeiter.

1.2 Organisation

Lagerabgänge bewirken eine sofortige Auftragsauslösung in der Montage. Der
Vorarbeiter führt mit dem Fertigungssteuerer die Kapazitätsabgleichung durch
und legt die Feinterminierung fest. Die Materialbereitstellung wird über
Meldekarten an den Gebinden gesteuert.
Die Montagearbeiter montieren und prüfen die einzelnen Geräte innerhalb der
vorgegebenen Termingrenzen selbständig.
Die Qualitätssicherung führt die Endkontrolle durch und gibt für eventuelle
Nacharbeiten das Gerät zurück.
Technische Störungen werden durch Betriebshandwerker behoben.

1.3 Planung und Qualifizierung

Da der Betrieb innerhalb des Konzerns Pilotfunktionen für organisatorische
Varianten erfüllen soll, wurde sehr sorgfältig geplant und qualifiziert.
Gezielte Job-Rotation spielt eine wichtige Rolle in der Qualifizierung der
Mitarbeiter: Sie findet auch Kostenstellen-übergreifend statt. Die Quali-
fikationsentwicklung hat Einfluß auf die Entlohnung. Ein Austausch zwischen
Lohngruppen ist möglich.

Der Betrieb legt sehr großen Wert auf Qualitätszirkelarbeit.

1.4 Effekte nach einem Jahr

Verkürzung der Durchlaufzeiten von 40 auf 5 bis 10 Tage. Wartezeiten wegen
Material- oder Informationsmangels wurden drastisch verkürzt. Die Materialbestände verringerten sich sehr stark, ebenso gelang es, den Ausschuß zu senken.

BETRIEBLICHES UMFELD	2

2.1 Betriebsdaten

Der konzerngebundene Betrieb fertigt Schweißgeräte. Von den 210 Mitarbeitern
sind 170 in der Produktion inklusive der Montage tätig. Der Facharbeiteranteil
liegt bei 40 Prozent.
Es werden komplexe Standarderzeugnisse in verschiedenen Varianten produziert,
die meist noch kundenspezifisch auszurüsten sind. In der untersuchten Montage-
abteilung werden kleine Serien zwischen 1 und 80 Stück pro Tag zusammengebaut.
Trotz programmorientierter Lagerfertigung erfolgt die innerbetriebliche
Auftragsauslösung parallel zu den Kundenaufträgen.

FALLBEISPIEL: 4	Montage Schweißgeräte	Seite 2

2.2 Produktionsplanung und -steuerung

Die Produktions-Programmplanung wird monatlich erstellt, wobei ein Produkt-
bereich nur manuell verplant wird. Sonst werden Stücklisten, Arbeitspläne und
NC-Programme über DV verwaltet. Disposition, Materialwirtschaft und Kapazitätsplanung laufen ebenfalls mit DV-Unterstützung. Allerdings umfaßt die Steuerung
nur Arbeitsfolgen und Arbeitsmengen. Die Auftragsfreigabe erfolgt manuell nach
Lagerabgängen (belastungsorientierte Freigabe). In der Montage wird der
Arbeitsvorrat von 2 bis 5 Tagen durch Meister, Vorarbeiter und die Mitarbeiter
feingeplant.

2.3 Grundlinien des Technikeinsatzes

Da der Betrieb von der Konzernleitung als Pilotbetrieb für Just-in-Time-
Produktion und Qualitätszirkelarbeit angesehen wird, wird großer Wert auf die
Nutzung der menschlichen Fähigkeiten gelegt: `Ohne das Mitdenken der Mit-
arbeiter funktioniert Just-in-Time nicht. Die Abbildung im Programm würde ein
Monstrum ergeben` (Meinung des Betriebsleiters).

Schwierigkeiten gibt es sowohl auf der Konzernebene (die dort vorgeschriebenen
zentralen Qualitätssicherungsverfahren stören beim Aufbau eines betriebs-
individuellen Verfahrens) als auch beim unteren Management: Bei Vorarbeitern
und Meistern ist zwar die Bereitschaft zur Anpassung da, doch sind die alten
Gewohnheiten stärker. Ihre Sozialkompetenz muß erheblich verbessert werden.
Der Betrieb betreibt eine geplante Personalentwicklung, die eng mit den
organisatorischen Änderungen verknüpft ist.

2.4 `Neue Techniken` im Betrieb

Seit 13 Jahren wird CNC eingesetzt (6 Maschinen). Die untersuchte Installation
wird allerdings rein manuell betrieben.

SYSTEMBESCHREIBUNG	3

3.1 System und Arbeitsaufgabe

Lager und Montage müssen eine ständige Lieferbereitschaft bei durchschnittlich
10 bis 15 Grundtypen, einer Unzahl von Varianten und sehr kleinen Auftragslosen
bei kleinsten eigenen Beständen garantieren.
Für jeden Gerätetyp ist ein eigener Montagearbeitsplatz aufgebaut. Für mehrere
Typen benötigte Kabel und Schläuche werden auf zentralen Trommeln aufgestellt,
von denen der Montagearbeiter das Material für den jeweiligen Auftrag passend
ablängt. Er transportiert das Material zur Montagestation, prüft die einzelnen
Baugruppen durch und montiert das Gerät komplett.

3.2 Werkstücke

Montiert werden Elektro- und Autogen-Schweißgeräte bei ständig wechselnden
Varianten mit sehr kleinen Stückzahlen. Die Monagezeiten liegen zwischen 8
Minuten und 2 Stunden.

FALLBEISPIEL: 4   Montage Schweißgeräte   Seite 3

3.3 Einbindung in das Umfeld

Es existiert ein zentrales Teilelager mit Pufferlagern für alle Typen an den Arbeitsplätzen. Der Materialfluß wird manuell gesteuert und von Transportarbeitern mit Kästen und Wagen durchgeführt. Die Steuerung ist als ein einfaches Zweigebindesystem ausgelegt: Ein volles Materialgebinde steht in der Produktion. Signalisiert dort eine Karte den Mindestbestand, füllt der Transportarbeiter im Lager das zweite Gebinde auf und tauscht es gegen das erste aus. Da die Signalkarten öfter verlorengehen, erwägt man die Unterstützung (nicht die Durchführung) der Steuerung durch EDV.

Die Fertigungssteuerung gibt synchron zu den Lagerabgängen Aufträge an die Montage frei. Dort führt der Vorarbeiter zusammen mit dem Fertigungssteuerer die Kapazitätsabgleiche durch und legt die Feinterminierung fest.

Schriftliche Montagevorschriften an den typgebundenen Arbeitsplätzen sichern die technische Information. Eine 100-Prozent-Prüfung aller Teile und des Gesamtgerätes werden in Eigenkontrolle und nochmals von der Qualitätssicherung vorgenommen. Die zentrale Qualitätssicherung ist dabei eigentlich überflüssig, entspricht aber bindenden Konzernvorschriften.

LAYOUT   3.4

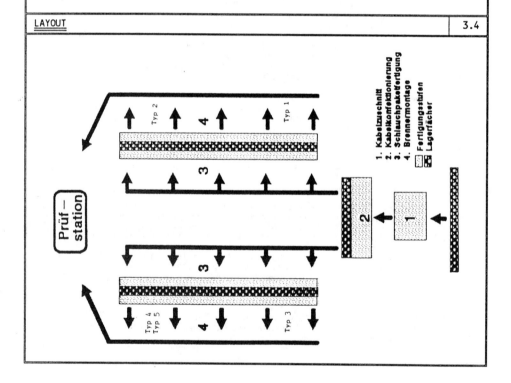

1. Kabelzuschnitt
2. Kabelkonfektionierung
3. Schlauchpaketfertigung
4. Brennermontage

Fertigungsstufen
Lagerfächer

FALLBEISPIEL:	4	Montage Schweißgeräte	Seite	4
PERSONAL UND ARBEITSORGANISATION				4

Jeder Montagearbeiter montiert und prüft sein Gerät komplett. Er ist verantwortlich für die Pflege, die Wartung und das Rüsten seiner Arbeitsplätze. Störungen werden durch Betriebshandwerker behoben. In einem früheren Stadium der Montageorganisation war die Zahl der Arbeitsplätze gleich der Zahl der Montagearbeiter. Da das Umrüsten der Plätze zu viel Zeit beanspruchte, ging man dazu über, die Typen nach ähnlichen Montagevoraussetzungen zu gruppieren und für jede solche Gruppe einen fertig gerüsteten Arbeitsplatz vorzuhalten. Jetzt wechselt der Mitarbeiter den Platz mit jedem Typwechsel.

Der Vorarbeiter ist zusammen mit der Zentralsteuerung und den Mitarbeitern für die Feinterminierung zuständig. Gleichzeitig ist er verantwortlich für das Einrichten der Arbeitsplätze und die Materialverfügbarkeit (die Durchführung liegt jedoch bei den Montage- bzw. den Transportarbeitern).
Jeder Mitarbeiter muß jeden anderen vertreten können. Die Job-Rotation wird täglich durch Absprache zwischen Arbeitern, Vorarbeiter und Meister festgelegt. Sie kann durchaus auch Kostenstellen-übergreifend stattfinden (z.B. zwischen Wickelei und Montage).
Leerzeiten, in denen früher auf Lager gefertigt wurde, werden jetzt mit sehr gutem Erfolg für die Qualitätszirkelarbeit genutzt (Verbesserungen an Verfahren und Produkten).

4.1

Mitarbeiter	Qualifikation	Anzahl	Schichtverteilung			
			normal	früh	spät	nachts
Meister	Ind.-Meister	2	■			
Vorarbeiter	Elektriker	5	■	nur vereinzelt in zwei Schichten		
Montage-Arb.	Angelernt	53	■			

4.2

Es führen aus/sind verantwortlich für:		Meister	Vor-arbeiter	Montage-arbeiter	
■ = allein					
▦ = zusammen mit anderen					
Disposition, Steuerung		▦	▦		
Material, Transport			▦		Lager
Maschine rüsten				■	
Bearbeiten, Überwachen				■	
Kontrollen			▦	▦	Qualitätssicherung

FALLBEISPIEL: 4	Montage Schweißgeräte	Seite 5

QUALIFIZIERUNG	5

Angelernten Montagearbeitern wurden im Betrieb durch Elektromeister Grund-
kenntnisse in Elektrik, Schaltplänen und Schaltungen vermittelt. Dadurch wurde
ihre Fähigkeit zur Systemübersicht verbessert. Sie müssen ein Gerät nach dem
Schaltplan verstehen können, bevor sie Selbstkontrolleure werden können. Die
Kurse fanden samstags außerhalb der Arbeit statt und dauerten mehrere Wochen.
Facharbeiter und besonders qualifizierte Angelernte besuchten Kurse der
Industrie- und Handelskammer über Elektronik und Transistoren mit Zertifikat.
Vorarbeiter konnten freiwillig an Schulungskursen für die Montagearbeiter
teilnehmen; teilweise belegten sie auch Fernkurse. Meister besuchten die
konzernüblichen Meisterkurse. Alle Vorgesetzten durchliefen ein Moderatoren-
training für Qualitätszirkelarbeit. Diese Arbeit wird sehr wichtig genommen.
Sie erfaßt alle Hierarchiestufen und wird als ein wesentliches Vehikel zur
Verbesserung der Sozialkompetenz gesehen.
Für alle Mitarbeiter existiert eine Personal-Verwendungsmatrix, die auch öffentlich ausgehängt ist. Das Erreichen der darin vereinbarten Entwicklungsziele
kann sich in der Lohnentwicklung niederschlagen, wobei auch durchaus von der
Angelernten- in die Facharbeitergruppe gewechselt wird.

PLANUNG	6

Da die Fertigungsorganisation als Pilotprojekt für den Konzern galt, konnte mit
ca. 2,5 Mannjahren relativ aufwendig geplant werden. Die Montagearbeiter selbst
wurden nicht direkt in den Planungsprozeß eingeschaltet. Jedoch konnte der
Vorarbeiter die Planungsvarianten mit dem Betroffenen durchsprechen und
Modifikationen einbringen.
Bei der Installation konnten die Betroffenen noch mitreden und Änderungen
einbringen.
Die Qualifizierung der Mitarbeiter wurde schon zu Beginn der Projektphase
geplant, indem die Bedarfsermittlung aus den Arbeitsplatzanforderungen abgeleitet wurde. Die Qualifizierung selbst begann mit der Umstellung.
Der Betriebsrat wurde über die Planung informiert. Er wirkte intensiv
insbesondere bei der Entwicklung der Instrumente für die Personalentwicklung
mit.

ERGEBNISSE UND ERFAHRUNGEN	7

Bewertung nach einem Jahr:
Die Durchlaufzeiten wurden von 40 Tagen auf 5 bis 10 Tage gesenkt. Ebenso wurden
die Stillstandszeiten durch Warten auf Information oder auf Material drastisch
reduziert. Parallel dazu hatten sich die Materialbestände stark vermindert.
Durch die Umstellung auf Selbstkontrolle konnte der Ausschuß erheblich gesenkt
werden.
Der Produktivitätsgewinn der Umstellung wird als sehr beträchtlich angesehen.
Die Flexibilität hatte sich sehr stark verbessert.
Insgesamt herrscht mehr Ruhe in der Fertigung. Es fehlen weniger Teile. Der
Führungsstil ist kooperativer geworden, das Klima hat sich verbessert. Man ist
überzeugt davon, daß man mit dem alten zentralen Steuerungskonzept niemals
solche Erfolge hätte erreichen können. Neben der Umstellung der Organisation
werden auch die verbesserte Qualifizierung der Mitarbeiter und die intensive
Qualitätszirkelarbeit als wesentliche Faktoren gesehen.

FALLBEISPIEL: 5	Faßfabrik	Seite	1
ÜBERSICHT			1

1.1 System und Arbeitsaufgabe

Der Betrieb stellt mit ca. 100 Mitarbeitern auf einer konventionellen getak-
teten Anlage Fässer in Serien bis ca. 300 Stück her. Die Durchlaufzeit eines
Auftrages darf 24 Stunden nicht überschreiten.

1.2 Organisation

Planung und Steuerung der Fertigung sind auf die Erfordernisse der Just-in-
Time-Produktion eines Kleinbetriebes zugeschnitten. Ein Minimum an EDV-Unter-
stützung gewährleistet die bei einer extrem variantenreichen Fertigung
notwendige Flexibilität. Die Feinterminierung ergibt sich aus dem
Auftragseingang.
Die Qualitätssicherung versucht Fehler an der Entstehungsstelle zu vermeiden.

1.3 Planung und Qualifizierung

Von einer Projektplanung kann nicht gesprochen werden, da ein bestehendes
konventionelles Verfahren kontinuierlich optimiert wird.
Dazu werden die Fähigkeiten aller Mitarbeiter zur Problemlösung und Systemübersicht ständig trainiert.

1.4 Effekte

Nach 8 Jahren Erfahrung haben sich die Durchlaufzeiten halbiert und die Stillstandszeiten um zwei Drittel verringert. Trotz weniger technischer Änderungen,
normaler Lohnsteigerungen und gleichem Personalstand sind die Stückkosten
gesunken.

BETRIEBLICHES UMFELD	2

2.1 Betriebsdaten

Der Betrieb produziert Fibrefässer (30 - 110-ltr.-Gebinde) in Serien von 180
bis 300 Stück. Weil nahezu ausschließlich nach Kundenspezifikationen, die sich
dazu noch ständig ändern, gefertigt wird, liegt die Zahl aktiver Typen bei
ca. 300 (mit steigender Tendenz).
Die Produkte - aus papierähnlichem Material gewickelte Trommeln mit Boden und
Deckel - sind relativ einfach strukturiert. Die Fertigung weist daher nur eine
geringe Tiefe auf.
Von den 102 Mitarbeitern gehören 84 zur Produktion einschl. Schlosserei.Etwa
15% sind Facharbeiter.
Da zwischen Auftragseingang und Auslieferung auch bei neuen Varianten maximal
24 Stunden liegen dürfen (oft weniger), wird von dem Betrieb ein Höchstmaß
an Flexibilität gefordert.
Die Kundenbestellungen erfolgen innerhalb von Rahmenaufträgen. Dadurch kann
trotz kürzester Durchlaufzeiten im wesentlichen Kundeauftrags-orientiert disponiert werden.

2.2 Produktionsplanung und -steuerung

Mit DV-Unterstützung erfolgen: Bedarfsermittlung und langfristige Disposition für den Einkauf, Stücklistenerstellung und -verwaltung sowie Arbeitsplanerstellung und Materialwirtschaft.
Da die Produktion maximal 24 Stunden nach der Bestellung auf dem Hofe des Kunden stehen muß, ergibt sich die Feinterminierung aus dem täglichen Auftragseingang. Reihenfolgen werden vom Planer manuell nach Teilefamilien festgelegt.

2.3 Grundlinien des Technikeinsatzes

Auch eine Serienfertigung in getakteter Linie kommt nicht ohne Qualitätsbewußtsein und Verantwortungsgefühl des Einzelnen aus. Höchste Ansprüche an Flexibilität, Lieferbereitschaft und Qualität können durch EDV höchstens unterstützt, nicht aber garantiert werden. Auch in der für die nähere Zukunft geplanten Umstellung der Anlagen auf mikroelektronische Steuerungen könne die EDV niemals die Fähigkeiten des Menschen ersetzen.

Die Potentiale auch der angelernten Mitarbeiter bieten erhebliche Produktivitätsreserven, die z.B. durch die Verbesserung ihrer Systemübersicht in Fragen der Qualitätssicherung mobilisiert werden können.

2.4 "Neue Techniken" im Betrieb

Abgesehen von einfacher DV-Unterstützung der Planung wird die Anlage vollständig mit konventioneller Technik betrieben
Die Einführung speicherprogrammierbarer Steuerunge ist jedoch geplant.

SYSTEMBESCHREIBUNG   3

3.1 System und Arbeitsaufgabe

Zwei getaktete, konventionell gesteuerte Anlagen mit 13 bzw. 15 Stationen produzieren Fibre-Fässer.
Die Fässer werden aus papierähnlichen Bahnen auf Zylinder unterschiedlicher Durchmessers automatisch gewickelt, automatisch geschnitten, gebördelt, mit Böden und zuletzt mit Verschlüssen und Deckeln versehen.
Böden, Verschlüsse und Deckel werden für die Aufträge passend an Nebenanlagen weitgehend automatisch gefertigt und an die Stationen angeliefert.
90 Prozent aller Bewegungen sind automatisiert.
Der Materialfluß innerhalb der Anlage erfolgt über Bänder und Rollenbahnen.
Als Puffer dienen die Bänder.

Wegen der sehr hohen Typen- und Variantenvielfalt sowie der extrem kurzen Lieferzeit werden an die Flexibilität der insgesamt 64 Mitarbeiter, die direkt an den Anlagen arbeiten, sehr große Anforderungen gestellt.

Manuell erfolgen das Einlegen, Einstellen der Vorschübe, Kontrollen, die Komplettierung der Fässer (Verschlüsse, Deckel), Korrekturen am Band und Verladen.

3.2 Werkstücke

Die Gebinde mit Fassungsvermögen zwischen 30 und 110 ltr. werden in Losgrößen
von 180 bis 300 Stück gefertigt. Bei einer Gesamtzahl von ca. 300 aktiven Typen,
die sich ständig noch vergrößert, ist eine Unzahl von Materialien und Maßen
zu beherrschen.

3.3 Einbindung in das Umfeld

Papierrollen verschiedener Qualitäten und Maße sind in der Nähe der Wickel-
stationen gelagert. Sie werden manuell transportiert und eingelegt.
Die fertigen Fässer werden direkt vom Band auf LKW-Auflieger verladen. Ein
Fertiglager ist nicht vorhanden.
Die Reihenfolgen der Aufträge werden vom Planer nach technischer Ähnlichkeit der
Teile festgelegt und schriftlich in die Produktion gegeben.
Die Auftragszettel mit Maßangaben gehen an die Umbauschlosser und an die
Straßenführer; Stücklisten und Sollwerte werden an alle Arbeitsstationen aus-
gegeben.Die Fertigstellung wird auf dem Auftrag vermerkt.

Die Qualitätssicherung will die Fehler schon an der Entstehungsstelle ver-
meiden. Dazu werden Prüfvorschriften und -werte für jeden Auftrag an alle
Arbeitsstationen ausgegeben.
Jede Arbeitsstation prüft die eigene Qualität. Sie gibt fehlerhafte Stücke
vorgelagerter Stationen unter genauer Spezifikation des Fehlers zurück (Kunde-
Lieferant-System).

Prüfmerkmale sind hauptsächlich Maße (Höhe, Durchmesser, Wandstärke). Die
Endkontrolle prüft außerdem noch die Fallsicherheit und die Klimafestigkeit.

PERSONAL UND ARBEITSORGANISATION   4

Mitarbeiter	Qualifikation	Anzahl	Schichtverteilung			
			normal	früh	spät	nachts
Vorarbeiter	Angelernte	2		■	■	
Straßenführer	Angelernte	4		■	■	
Produktions-arbeiter	Angelernte	60		■	■	

Das Personal wird zu Schichtbeginn vom Straßenführer auf die Arbeitsstationen
eingeteilt.

FALLBEISPIEL: 5   Faßfabrik   Seite 4

Es führen aus/sind verantwortlich für: ■ = allein ▓ = zusammen mit anderen	Vor-arbeiter	Straßen-führer	Pro-duktions-arbeiter	
Disposition, Steuerung	▓	▓		
Material, Transport	▓	▓	▓	
Warten, Instandhalten *		▓	▓	
Maschine rüsten **	▓	▓	▓	
Informationen rüsten ***	▓	▓	▓	
Bearbeiten, Überwachen		▓	▓	
Kontrollen	▓	▓	▓	

    * nur einfache Routinearbeiten
   ** zusammen mit den Umbauschlossern
 *** Auftragsdaten, Prüfvorschriften an den Arbeitsstationen

Durch stetige gezielte Job-Rotation der Mannschaft wird sichergestellt, daß jeder jeden vertreten kann. Jede Arbeitsstation kontrolliert die eigene Arbeit sowie die des Vorgängers.

QUALIFIZIERUNG   5

Alle Produktionsarbeiter durchlaufen zuerst ein kurzes Training on the job, bei dem ihnen eine Woche lang eine erste Übersicht über die Anlage vermittelt wird.
Da Systemübersicht und Qualitätsbewußtsein für die Fertigung eine zentrale Rolle spielen, werden diese Fähigkeiten in Hierarchie-übergreifenden Maßnahmen laufend trainiert. An diesen Maßnahmen, die manche Ähnlichkeiten mit Qualitäts-zirkeln aufweisen, nehmen alle Mitarbeiter teil.
Sie haben zum Ziel:
- praktische Probleme zu lösen,
- das Personal darin zu trainieren, theoretische Erklärungen zu verstehen und mit ihnen selbst zu arbeiten, Wünsche und Vorgaben genau zu spezifizieren,
- das selbständige Lösen von Problemen zu trainieren.

Diese Maßnahmen werden auch als Vorbereitung auf den geplanten Einsatz von mikroelektronisch gesteuerten Maschinen gesehen.

Zusätzlich dazu wird die Flexibilität der Mannschaft durch gezielte Job-Rotation verbessert.

FALLBEISPIEL: 5	Faßfabrik	Seite 5

PLANUNG
6

Da es sich um eine bereits seit acht Jahren betriebene kontinuierliche Optimierung der Produktion handelt, kann nicht von einer eigentlichen Projektplanung gesprochen werden. Bei neuen Problemen oder Verfahren werden die
Produktionsteams in die Versuche mit einbezogen. Ihre Erfahrungen und Vorstellungen gehen in die neuen Lösungen ein.

ERGEBNISSE UND ERFAHRUNGEN
7

Nach 8 Jahren Erfahrung mit diesem Vorgehen haben sich die Durchlaufzeiten
halbiert, die Stillstandszeiten gingen um ein Drittel zurück. Der Ausschuß
wurde bei gestiegenen Qualitätsansprüchen stark verringert.
Flexibilität und Lieferbereitschaft sind bedeutend verbessert.
Trotz normaler Lohnerhöhungen und nur unwesentlicher technischer Verbesserungen sind die Stückkosten gesunken.

Die Ausdrucksfähigkeit der Mitarbeiter ist merkbar gestiegen. Sie können Mängel,
Wünsche und Vorgaben genauer spezifizieren als zuvor. Der Teamgeist und das
Verantwortungsgefühl des Einzelnen für den Gesamtprozeß haben sich bedeutend
verbessert.

FALLBEISPIEL: 6	Fräs-/Bohrsystem	Seite	1
ÜBERSICHT			1

1.1 System und Arbeitsaufgaben

Ein Flexibles Fertigungssystem, bestehend aus zwei Bearbeitungszentren, fertigt in einer mittelgroßen Maschinenfabrik prismatische Werkstücke komplett in einer Aufspannung in Losgrößen bis maximal 5 Stück.
Die Anlage fährt in drei Schichten.

1.2 Organisation

Jeder Maschine ist ein Mann zugeordnet. Ein Einfluß der Maschinenbediener auf die Feinterminierung und Reihenfolgeplanung ist kaum gegeben: Der Arbeitsvorrat von 3 bis 5 Tagen ist fast vollständig vorgeplant und nur zusammen mit dem Meister zu ändern.
Nur Eilaufträge werden an den Maschinen programmiert, alle anderen Teile in der Arbeitsvorbereitung.
Wartungs- und Instandhaltungsaufgaben gehören nicht zum Arbeitsbereich der Maschinenarbeiter, ebenso die meisten Kontrollarbeiten.

1.3 Planung und Qualifizierung

Die Planung der Investition nahm zwei Jahre in Anspruch.
Die Qualifizierung der Mitarbeiter geschah sorgfältig. Sie entsprach auch in etwa den konkreten Arbeitsspielräumen.

1.4 Ergebnisse

Das System ist seit vier Jahren in Betrieb. Es sind noch nicht alle Produktivitätsziele erreicht, die man sich gesetzt hatte. Dies ist auch darauf zurückzuführen, daß das System gleichzeitig als Testinstallation für eigene Automatisierungskomponenten dient und daher recht störanfällig ist.

BETRIEBLICHES UMFELD	2

2.1 Betriebsdaten

Das Maschinenbauunternehmen stellt mit 750 Mitarbeitern große Werkzeugmaschinen her. 380 Mitarbeiter sind in der Produktion tätig. Der Facharbeiteranteil liegt bei 95%.
Es werden Typenreihen mit kundenspezifischen Varianten gefertigt. Aufträge und Dispositionen werden nur durch einzelne Kundenbestellungen ausgelöst. Die Seriengrößen liegen deshalb im Bereich von 1 bis maximal 10 (für einzelne Baugruppen).
Die sehr komplexen Produkte erfordern eine große Fertigungstiefe, aber gleichzeitig auch Fremdbezug in größerem Umfang.

2.2 Produktionsplanung und -steuerung

Mit Ausnahme der NC-Programmverwaltung, der Prüfplanverwaltung und der Auftragsfreigabe erfolgt die gesamte Planung und Steuerung über EDV.
Die freigegebenen Aufträge decken etwa 3 bis 5 Arbeitstage ab. Dabei sind sowohl
die Reihenfolgen als auch die Termine und die Zuordnung der Arbeitsgänge zu
den Maschinen i. d. R. fest vorgegeben. Die Reihenfolgen können wegen der
Probleme des Schichtbetriebes von den Mitarbeitern zusammen mit dem Meister
abgeändert werden.
Die Fertigmeldung erfolgt manuell.

2.3 Grundlinien des Technikeinsatzes

Langfristig muß der Facharbeiter ein Generalist mit breitem Wissen und Können
sein. Dabei kann die Mikroelektronik nur eine unterstützende Rolle spielen.
Die Fragen, die sich daraus ergeben, werden mittlerweile auf allen Ebenen des
Unternehmens diskutiert. Man weiß, daß man an vielen Stellen des Unternehmens
noch manches ändern müßte.
Der Betriebsrat beteiligt sich an dieser Diskussion und wird seit einiger Zeit
auch in Fragen der Arbeitsgestaltung aktiv.

2.4 "Neue Techniken" im Betrieb

Seit 9 Jahren wird CNC in allen spanenden Verfahren eingesetzt; ebensolange
arbeitet man mit NC-Programmiersystemen. Seit 5 Jahren wird CAD mit 5 Terminals
in der mechanischen und in der Elektro-Konstruktion genutzt.

SYSTEMBESCHREIBUNG   3

3.1 System und Arbeitsaufgabe

Das Flexible Fertigungs-System besteht aus zwei Fräs-/Bohrmaschinen ECOCUT 1
mit automatisierter Werkzeugzuführung und einem Fahrerlosen Transport-System
(FTS). Das FTS transportiert Paletten mit den Rohteilen. Jeweils 2 Paletten
befinden sich an den Maschinen, im Rüstbereich und im Speicher.
Das Transportsystem wird über den Leitrechner der Gesamtanlage gesteuert.

Es werden prismatische Werkstücke in einer Aufspannung komplett bearbeitet
(Bohren, Fräsen, Reiben, Gewindeschneiden).
Die Losgrößen liegen bei 1 bis 5 Stück.
Bis auf das Be- und Entladen der Paletten und das Einrüsten der Werkzeuge in
den Speicher sind alle Arbeiten automatisiert.
Die Anlage fährt im 3-Schichtbetrieb.
Die Investitionssumme lag bei 2 Millionen DM.

3.2 Werkstücke

Es kommen etwa 15 verschiedene Werkstücke vor, deren Abmessungen zwischen
ca. 250 x 250 x 250 und 1000 x 1200 x 800 mm liegen.
Die Aufspannzeiten betragen 20 Minuten bis zu 2 1/2 Stunden, die Bearbeitungszeiten 2 bis 20 Stunden.

3.3 Einbindung in das Umfeld

Die Rohteile werden manuell in den Rüstbereich transportiert, ebenso die Fertigteile zur Kontrolle. Die Anlage wird durch einen Leitrechner (DEC PDP 11/24) ge
steuert. Die in der Arbeitsvorbereitung geschriebenen und an der Maschine
getesteten Programme werden manuell eingelegt. Die Auftragsverwaltung und die
Werkzeugbestellung laufen manuell.
Die Einrichtung eines DNC-Betriebes befindet sich in der Planung.
Für die Qualitätssicherung ist die QS-Abteilung zuständig. Dort erfolgt eine
100%-Prüfung aller Teile, auch derer der Selbstkontrolleure.

3.4 Layout

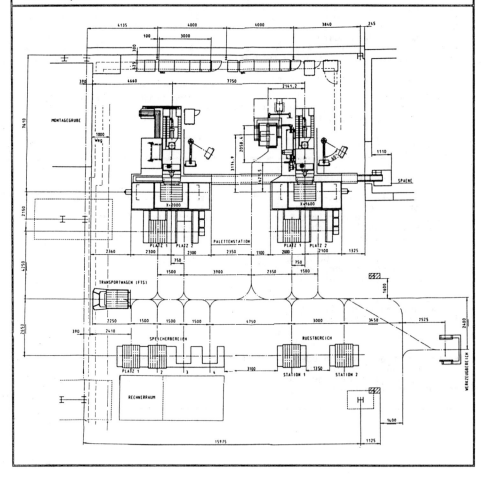

FALLBEISPIEL:	6 Fräs-/Bohrsystem		Seite	4
PERSONAL UND ARBEITSORGANISATION - Übersicht				4.1

Mitarbeiter	Qualifikation	Anzahl	Schichtverteilung			
			normal	früh	spät	nachts
Maschinen-werker	(an)gelernte Bohrwerksdreher	6		■	■	■

Pro Schicht ist jeder Maschine ein Mann zugeordnet. Ein Wechsel ist nur mit Zustimmung des Meisters möglich.

Es führen aus/sind verantwortlich für: ■ = allein ▓ = zusammen mit anderen	Maschinen werker	Meister			
Disposition, Steuerung	▓	▓			
Material, Transport	▓				
Warten, Instandhalten	▓				
Programm erstellen	▓				
Programmkorrektur,-optimierung	■				
Maschine rüsten	■				
Informationen rüsten	■				
Bearbeiten, Überwachen	■				
Kontrollen	▓				

FALLBEISPIEL: 6   Fräs-/Bohrsystem   Seite 5

__ARBEITSORGANISATION__ - Detailstruktur   4.2

Disposition,Steuerung	Maschinen werker	Meister			
Aufträge verwalten	▦	▦			
Kapazitätsabgleich Maschinen					
Kapazitätsabgleich Personal		■			
Festlegung Prioritäten		■			
Feinterminierung	▦	▦			
Reihenfolgen festlegen	▦	▦			
Arbeitsablauf sicherstellen	■				

Material,Transport					
Material bereitstellen					
Materialbestand prüfen	■				
Materialtransport durchführen					
Transportverantwortung	■				

Warten, Instandhalten *					
Pflegen der Anlage	▦				
Einfache Wartung nach Plan					
Einf.elektr. Störungen beheben					
Einf.mechan. Störungen beheben					

* Ist nahezu ausschließlich Sache der Wartungs-/ Instandhaltungsabteilung.

FALLBEISPIEL:	6	Fräs-/ Bohrsystem	Seite	6

ARBEITSORGANISATION - Detailstruktur	4.3

Programmieren, Planen	Maschinen werker				
Programm erstellen *	▓				
Programm ändern *	▓				
Werkzeugplan erstellen					
Spannplan erstellen					
Bearbeitungsprobl. besprechen	■				
Bei Ausfällen: Operating	■				

* Installiert sind Siemens- Steuerungen mit 4 Achsen. Geometrieprozessoren
und graphisch-dynam. Bildschirme sind vorhanden.
Programmiert wird grundsätzlich in der Arbeitsvorbereitung. Nur in Ausnahmefällen (Eilfällen) programmieren die Werker direkt an der Steuerung.
Die Programme werden gemeinsam von Programmierer und Werker eingefahren.

Maschine rüsten, vorbereiten					
Werkzeuge (WZ) voreinstellen					
WZ, Spannmittel bereitstellen	■				
WZ-Einstellung kontrollieren, WZ einsetzen					
Spannmittel vorber., aufbauen	■				
Werkstück spannen	■				
Sonst. Betr.-Mittel vorbereit.					

FALLBEISPIEL: 6 Fräs-/ Bohrsystem			Seite 7		
ARBEITSORGANISATION - Detailstruktur			4.4		

Informationen rüsten, vorbereiten	Maschinen werker				
Info-träger einlegen/entnehmen	■				
Nullpunkt einstellen	■				
Korrekturschalter nach Plan setzen					
Korrekturschalter nach WZ-Verschleiß setzen	■				
Probelauf *	▦				

* zusammen mit dem Programmierer

Bearbeiten und Überwachen					
Programm starten	■				
Arbeitsgang beobachten	■				
Späne brechen, entsorgen	■				
Werkzeugwechsel	■				
Betriebszustand überwachen	■				
Fertigungsfortschritt melden	■				
Störungen melden	■				
Störungen suchen *					
Störungsmeldungen auswerten *					
Kleine Störungen beheben *					

* ist ausschließlich Sache der Wartungs-/ Instandhaltungsabteilung

97

FALLBEISPIEL: 6 Fräs-/ Bohrsystem	Seite 8
ARBEITSORGANISATION - Detailstruktur	4.5

Kontrollen *	Maschinen werker				
Kontr. während der Bearbeitung	▓				
Kontrolle der fertigen Stücke	▓ **				
Prüfprotokolle führen					
Ausschuß erfassen					
Nacharbeit durchführen	▓ **				

* Alle Kontrollen sind Sache der Qualitätssicherung ** Nur bei Selbstkontrolle

QUALIFIZIERUNG 5

Die Bediener brachten durch ihre vorherige Tätgkeit im Betrieb oder durch ihre
Lehre bereits Vorkenntnisse in CNC-Technik mit. Sie nahmen an einem einwöchigen
betrieblichen Grundkurs teil, bei dem besonderer Wert auf Systemübersicht
gelegt wurde. Dieser Grundkurs sollte nach dem Urteil der Betriebsleitung
umfangreicher sein.
Gerätespezifische Kenntnisse wurden der ersten Mannschaft in einem einwöchigen
Kurs durch den Hersteller vermittelt, den Folgemannschaften im Grundkurs
bzw. on the job.

Vorgesetzte, insbesondere die Meister, aber auch der Betriebsrat, wurden in
externen Seminaren (RKW, Bildungswerke der Wirtschaft) in Führungsverhalten und
Problemlösungstechniken geschult.

PLANUNG 6

Die Planung für das System nahm 2 Jahre in Anspruch. Das Planungsteam setzte
sich aus der Geschäftsführung, der Arbeitsvorbereitung und Meistern zusammen;
Betroffene wurden nicht einbezogen.
Der Betriebsrat hat sich nur informieren lassen.
Als Mitarbeiter an dem neuen System wählte man erfahrene Facharbeiter mit CNC-
Kenntnissen aus, die auch zum 3-Schicht-Betrieb bereit waren.
Die Planung für die Qualifizierung setzte mit einem Jahr vor Installation der
Anlage frühzeitig ein. Man nutzte dazu die eigene langjährige Erfahrung mit
CNC-Technik.

FALLBEISPIEL: 6   Fräs-/ Bohrsystem   Seite 9

ERGEBNISSE UND ERFAHRUNGEN   7

In den vier Betriebsjahren stieg die Produktivität bei sinkenden Stückkosten.
Die Durchlaufzeiten haben sich verkürzt und die Flexibilität ist bedeutend
besser geworden.
Wenn auch eine großer Teil Verbesserungen der Technik zuzuschreiben sind, so
wären sie nach Meinung der Betriebsleitung nicht ohne die große Selbständigkeit
der Maschinenwerker innerhalb des Systems und ihre gute Qualifizierung möglich
gewesen.
Allerdings hat man die ursprünglich angestrebte Verbesserung der Wirtschaftlichkeit noch nicht voll erreicht. Das ist aber darauf zurückzuführen, daß das
Unternehmen die Anlage als Testinstallation für eigene Automatisierungslösungen
benutzt. Damit wird der Hauptanteil der etwa 20% Störungszeiten begründet.

Langsam verändern sich betriebliche Strukturen: die bessere Qualifizierung
macht die Mitarbeiter selbstbewußter. Das hat vor allem Folgen für die Rolle
der Meister. Dabei sind in diesem Unternehmen zwei Richtungen zu beobachten:

a. der Meister wird eine Art Moderator für seine recht autonomen Mitarbeiter
b. der Meister wächst in übergeordnete Aufgaben hinein, die bislang die Domäne
   der Betriebsleitung waren.

FALLBEISPIEL: 7	Bearbeitungszentrum Großbetrieb	Seite 1
ÜBERSICHT		1

1.1 System und Arbeitsaufgabe

Zwei Bearbeitungszentren bohren und fräsen eine große Anzahl verschiedener Werkstücke in kleinen Losgrößen mit automatischer Werkstückbeschickung.

1.2 Organisation

Die Anlage ist in drei Schichten mit jeweils drei Bohrwerkern besetzt. Feinterminierung, Reihenfolgeplanung und NC-Programmierung erfolgen außerhalb der Werkstatt. Die einzigen dispositiven/planenden Aufgaben der Mannschaft bestehen in der autonomen Regelung der Besetzung der Schicht. Innerhalb der Aufgabenbereiche `Rüsten` und `Bearbeiten` handeln alle Werker sehr selbständig.

1.3 Planung und Qualifizierung

Die Planung wurde von der Planungsabteilung fast ohne Kontakt mit anderen Abteilungen durchgeführt und dauerte etwa eineinhalb Jahre. Mit der Planung der Qualifizierung wurde erst sehr spät begonnen (2 Wochen vor der Installation). Die Bohrwerker durchliefen dann einen 1-wöchigen Grundkurs und ein Herstellertraining.

1.4 Erfahrungen nach 6 Jahren

Produktivität und Flexibilität waren stark verbessert. Organisatorische Stillstandszeiten (Warten auf Arbeitspapiere, Instandhaltung etc.) sind noch zu lang, die Kosten für Programmierung, Fertigungssteuerung und Qualitätssicherung enthalten noch Reserven.

BETRIEBLICHES UMFELD	2

2.1 Betriebsdaten

Der Betrieb fertigt Schwermaschinen mit 2 300 Mitarbeitern, davon 500 in Produktion und Montage. Der Facharbeiteranteil liegt bei etwa 95 %. Die Durchlaufzeiten der meist sehr komplexen Aufträge betragen oft einige Jahre.

Die Fertigung erfolgt fast ausschließlich auf Kundenspezifikation in kleinen Serien (maximal 10). Disponiert wird demnach nur nach Kundenaufträgen. Fremdbezug erfolgt in größerem Umfang.

2.2 Produktionsplanung und -steuerung

Lang-, mittel- und kurzfristige Planung und die Steuerung sind über DV bis zur kurzfristigen Termin- und Kapazitätsplanung integriert. Das System umfaßt alle Aufträge. Auftragsfreigabe, Reihenfolgeplanung und Auftragsfortschrittverfolgung erfolgen manuell, aber DV-gestützt. Arbeitsverteilstellen geben täglich Programme für jeden Arbeitsplatz in Produktion und Montage vor.

2.3 Grundlinien des Technikeinsatzes

Die EDV hat traditionell eine starke Stellung. Von ihr erhofft man die Lösung organisatorischer Probleme. Diese werden oft als reine Fragen der Datenorganisation gesehen, wodurch zu oft Insellösungen mit Produktivitätsverlusten für den Gesamtbetrieb entstehen. Erst in jüngster Zeit beginnen die Planungsteams die Freiräume besser zu nutzen, die für die Gestaltung von Arbeitsorganisation bestehen. Die Geschäftsführung ist ebenfalls auf die Potentiale der Mitarbeiter aufmerksam geworden, die durch organisatorische Veränderungen mobilisiert werden können.

2.4 `Neue Techniken` im Betrieb

Seit 18 Jahren wird CNC mit AV-Programmierung eingesetzt (zur Zeit an 36 Maschinen und 2 Programmiersystemen), seit vier Jahren CAD in der mechanischen und in der Elektro-Konstruktion (5 Terminals). CAD-CAM-Vernetzungen sind in Planung.
Die beiden hier beschriebenen Bearbeitungszentren stellen das einzige bisher installierte flexible Fertigungssystem dar.

SYSTEMBESCHREIBUNG   3

3.1 System und Arbeitsaufgabe

Zwei Bearbeitungszellen mit automatischem Palettenwechsler und Werkzeugwechsler fräsen und bohren prismatische Werkstücke in einer Aufspannung. Die Investitionssumme lag bei 2 Mio DM.
Die Paletten werden manuell mit Hilfe eines Schwenkkranes gerüstet und mit einem Palettenwechsler eingefahren.
Ein wesentliches Ziel der Installation war die Verkürzung der Stillstandszeiten, die durch Rüstarbeiten verursacht wurden.
Die Anlagen laufen in drei Schichten.

3.2 Werkstücke

Das System bearbeitet eine sehr große Anzahl verschiedener Werkstücke in Abmessungen bis zu 1500x2000 mm und Auftragslosgrößen von 1 bis 10.
Die Bearbeitungszeiten liegen zwischen 2 und 20 Stunden. Der Anteil der Rüstzeiten beträgt zwischen 20 und 60 % der Bearbeitungszeit.

3.3 Einbindung in das Umfeld

Während der Materialfluß innerhalb des Systems voll automatisiert ist, erfolgt er außerhalb des Systems manuell.
Ebenso wie das Materialflußsystem ist auch das Informationssystem nicht in die umgebende EDV eingebunden: Programmlochstreifen werden manuell eingelegt, Auftragsfortschrittsmeldungen, Störungsmeldungen, etc. erfolgen ebenfalls manuell. Die bindenden Tagesprogramme werden vom Steuerungssystem den Arbeitsplätzen schriftlich vorgegeben.

Kontrollen werden von der zentralen Qualitätskontrolle durchgeführt.

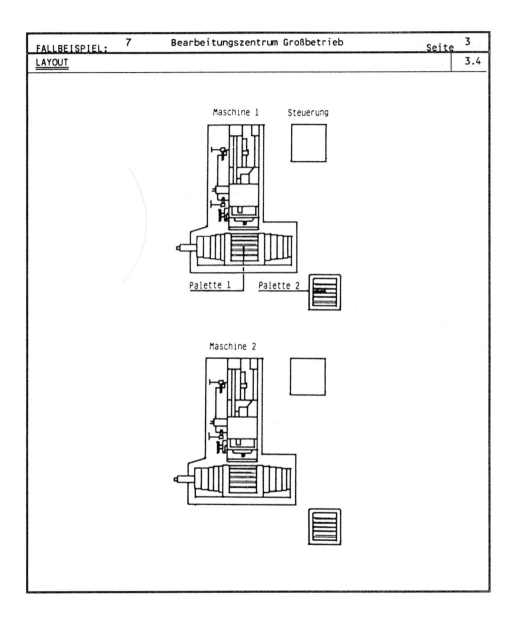

Maschine 1   Steuerung

Palette 1   Palette 2

Maschine 2

| FALLBEISPIEL: | 7 | Bearbeitungszentrum Großbetrieb | | | Seite | 4 |

PERSONAL UND ARBEITSORGANISATION - Übersicht | 4.1

Mitarbeiter	Qualifikation	Anzahl	Schichtverteilung			
			normal	früh	spät	nachts
Bohrwerker	Facharbeiter	3x3		■	■	■

Es führen aus/sind verantwortlich für:

■ = allein

▦ = zusammen mit anderen

	Bohr-werker				
Disposition, Steuerung					
Material, Transport					
Warten, Instandhalten	▦				
Programm erstellen					
Programmkorrektur,-optimierung	■				
Maschine rüsten	■				
Informationen rüsten	■				
Bearbeiten, Überwachen	■				
Kontrollen					

FALLBEISPIEL: 7	Bearbeitungszentrum Großbetrieb	Seite 5
ARBEITSORGANISATION - Detailstruktur		4.2

Disposition,Steuerung	Bohr-werker				
Aufträge verwalten					
Kapazitätsabgleich Maschinen					
Kapazitätsabgleich Personal	■ *				
Festlegung Prioritäten					
Feinterminierung					
Reihenfolgen festlegen					
Arbeitsablauf sicherstellen	■				

* Die Mannschaft regelt Schichtbesetzung und Aufgabenverteilung unter sich

Material,Transport *				
Material bereitstellen				
Materialbestand prüfen				
Materialtransport durchführen				
Transportverantwortung				

* Liegt voll in der Verantwortung der Materialwirtschaft

Warten, Instandhalten				
Pflegen der Anlage *	▦			
Einfache Wartung nach Plan				
Einf.elektr. Störungen beheben				
Einf.mechan. Störungen beheben				

* Nur Putzen

FALLBEISPIEL: 7	Bearbeitungszentrum Großbetrieb	Seite 6
ARBEITSORGANISATION - Detailstruktur		4.3

Programmieren, Planen	Bohr-werker				
Programm erstellen					
Programm ändern *	■				
Werkzeugplan erstellen					
Spannplan erstellen					
Bearbeitungsprobl. besprechen	■				
Bei Ausfällen: Operating					

* Siemens-Steuerung, 4 Achsen; kein graph.-dynam. Bildschirm, kein Geometrie-prozessor.
Programm-Erstellung erfolgt ausschließlich in der Arbeitsvorbereitung, Korrektur und Optimierung an der Steuerung.

Maschine rüsten, vorbereiten					
Werkzeuge (WZ) voreinstellen	■				
WZ, Spannmittel bereitstellen	■				
WZ-Einstellung kontrollieren, WZ einsetzen	■				
Spannmittel vorber., aufbauen	■				
Werkstück spannen	■				
Sonst. Betr.-Mittel vorbereit.					

FALLBEISPIEL:	7	Bearbeitungszentrum Großbetrieb		Seite	7
ARBEITSORGANISATION - Detailstruktur					4.4

Informationen rüsten, vorbereiten	Bohr-werker				
Info-träger einlegen/entnehmen	■				
Nullpunkt einstellen	■				
Korrekturschalter nach Plan setzen	■				
Korrekturschalter nach WZ-Verschleiß setzen	■				
Probelauf	■				

Bearbeiten und Überwachen					
Programm starten	■				
Arbeitsgang beobachten	■				
Späne brechen, entsorgen	■				
Werkzeugwechsel	■				
Betriebszustand überwachen	■				
Fertigungsfortschritt melden	■				
Störungen suchen					
Störungsmeldungen auswerten					
Kleine Störungen beheben					

FALLBEISPIEL:	7	Bearbeitungszentrum Großbetrieb	Seite	8
ARBEITSORGANISATION - Detailstruktur				4.5

Kontrollen *	Bohr-werker			
Kontr. während der Bearbeitung				
Kontrolle der fertigen Stücke				
Prüfprotokolle führen				
Prüfstatistik bearbeiten				
Ausschuß erfassen				
Nacharbeit durchführen				
Nacharbeit erfassen				

* Werden ausschließlich von der Qualitätssicherung durchgeführt.

QUALIFIZIERUNG 5

Die Bohrwerker, denen noch keine CNC-Grundkenntnisse in der Lehre vermittelt wurden, erhielten einen 1-wöchigen CNC-Grundkurs in der eigenen Lehrwerkstatt.

Alle Mitarbeiter der `ersten Generation` durchliefen einen Gerätekurs von drei Tagen beim Hersteller; die nachfolgenden Leute wurden on-the-job trainiert.

Die Arbeitsvorbereiter besuchten einen NC-Programmierkurs (Grundkurs) in der Lehrwerkstatt, worauf ein gerätespezifischer Kurs durch den Hersteller folgte.

Nach Ansicht des Fertigungsleiters reicht der Umfang des vermittelten Grundwissens nicht aus. Deshalb ist eine Erweiterung der Kurse geplant.

Innerhalb der Mannschaft wird konsequent Job-Rotation betrieben: Jeder muß jeden vertreten können.

FALLBEISPIEL: 7	Bearbeitungszentrum Großbetrieb	Seite 9
PLANUNGEN		6

Die gesamte Planung dauerte eineinhalb Jahre und erforderte einen Planungsauf-
wand von ca. 2 Mannmonaten. Sie erfolgte im Wesentlichen durch ein Projektteam
der Planungsabteilung. Betroffene Mitarbeiter wurden an der Planung nicht
beteiligt. Die Planung der Qualifizierungsmaßnahmen begann mit etwa zwei Wochen
vor der Aufstellung sehr spät.

Der Betriebsrat wurde über die Planungen nur informiert, nicht aber in sie
eingebunden.

Nach Ansicht des Fertigungsleiters ist das System technisch optimal geplant.
Das organisatorische Umfeld wurde jedoch kaum angepaßt: Die Programmierung an
der Maschine/in der Werkstatt wäre effizienter und billiger. Die rigide Fertigungssteuerung zwingt oft zu unrationellen Arbeitsweisen.

Störungssuche und -beseitigung sind ausschließlich Angelegenheit der Wartung
und Instandhaltung. Die ist in der Nachtschicht überhaupt nicht besetzt.
Notwendige Informationen können oft nicht weitergegeben werden.
Die alleinige Zuständigkeit der Qualitätssicherung für Kontrollen läßt das
Verantwortungsbewußtsein der Bohrwerker verkümmern.

Eine bessere Beteiligung der Betroffenen und des Betriebsrates hätte manchen
Fehler vermieden.

ERGEBNISSE UND ERFAHRUNGEN NACH 6 JAHREN	7

Die Ziele `Erhöhung der Produktivität` und `Reduzierung der Stillstandszeiten`
wegen Personalausfalls wurden voll erreicht. Jedoch sind organisatorisch
bedingte Stillstandszeiten (Warten auf Arbeitspapiere, Instandhaltung) noch
viel zu lang. Hier liegen noch große Reserven in der Arbeitsorganisation und
in der Qualifizierung der Mitarbeiter. Während die Arbeitsorganisation starke
Verbesserungen im direkten Bearbeitungsbereich erbrachte (Produktivität und
Flexibilität), machen sich ihre Mängel in den Kosten für die AV-Programmierung,
die Fertigungssteuerung und die Qualitätssicherung noch bemerkbar:

Arbeitsorganisatorische Umstellungen und angemessene Qualifizierung könnten
hier viel verbessern.
Die größere Selbständigkeit der Mannschaften bei der direkten Bearbeitung hat
sich jedoch positiv auf ihre Motivation ausgewirkt; die Fehlzeiten sind drastisch zurückgegangen.

FALLBEISPIEL: 8	Bearbeitungszentrum Landmaschinenbau	Seite 1
ÜBERSICHT		1

1.1 System und Arbeitsaufgabe

Drei Drehzellen zur Komplettbearbeitung von Futterteilen in einer Aufspannung (Drehen, Bohren, Fräsen, Gewindeschneiden, Reiben, Senken) mit automatisierter Werkstückzufuhr (flexibles Handhabungs-System). Die Investitionssumme lag bei ca. 1,2 Millionen DM.

1.2 Organisation

Die Maschinen laufen in 3 Schichten und werden pro Schicht von nur einem Bediener gefahren. Für Personalausfälle stehen Springer zur Verfügung. Die Bediener haben kaum Dispositions- oder Planungsspielräume in der Auftragsabwicklung. Einfachteile werden an der Maschine programmiert, alle anderen in der Arbeitsvorbereitung.

1.3 Planung und Qualifizierung

Die Planung nahm ein Jahr bei einem Aufwand von einem halben Mannjahr in Anspruch. An der Systemauswahl waren außer dem Planungsteam Meister, Vorarbeiter und Einrichter beteiligt, für Ausrüstungsdetails auch die Bediener.

Die Qualifizierung geschah frühzeitig und umfassend.

1.4 Erfahrungen nach 3 Jahren

Die wirtschaftlichen Verbesserungen sind bedeutend. Sie könnten noch optimiert werden, wenn eine technische Detailfrage besser zu lösen wäre. Arbeitsorganisation und Qualifizierung waren im Urteil des Betriebsleiters ausschlaggebend für die bedeutenden Verbesserungen in Produktivität und Flexibilität.

BETRIEBLICHES UMFELD	2

2.1 Betriebsdaten

Der Betrieb produziert mit knapp 600 Mitarbeitern (davon 400 in Produktion und Montage, Facharbeiteranteil: 80 %) Landmaschinen in Klein- und Mittelserien (20 bis 4000 Stück). Es werden im Wesentlichen Standarderzeugnisse mit (kundenspezifischen) Varianten gefertigt. Da ein größerer Anteil der Produktion auf Lager geht, erfolgt die Disposition im Wesentlichen programmorientiert. Einer mittlerer Fertigungstiefe entspricht ein relativ großer Fremdbezug.

109

2.2 Produktionsplanung und Steuerung

Die lang- und mittelfristige Planung wird stark durch EDV unterstützt. Im kurzfiristigen Bereich erfolgen Disposition (Logistik), Materialwirtschaft und Termin- und Kapazitätsplanung mit DV-Unterstützung. Die Geschäftsleitung legt das kurzfristige Bauprogramm fest. Die Auftragsfreigabe erfolgt nach dem Bauprogramm manuell. Die manuelle Feinterminierung und die Reihenfolgeplanung laufen über einen Leitstand. Die Arbeitsvorräte am Leitstand reichen für ca. 2 Tage. Reihenfolgen können von Maschinenbedienern zusammen mit den Planern verändert werden, sind dann aber verbindlich.

2.3 Grundlinien des Technikeinsatzes

Man möchte dem Menschen mehr dispositive und planerische Verantwortung zugestehen, glaubt aber, daß die Vielzahl der Bearbeitungsgänge pro Teil und die Vielzahl der Teile selbst ein stark zentralisiertes Planungssystem erzwingen. Teilefamilien als Basis für Fertigungsinseln lassen sich angeblich nicht bilden.

Während die beschriebene Installation den Maschinenarbeitern nur sehr geringe Dispositionsspielräume läßt, zeigen Erfahrungen mit Bearbeitungszentren an anderer Stelle des Betriebes, daß dispositive Arbeit an den Maschinen sinnvoll ist: Aufgrund von Anstößen durch die Maschinenarbeiter, welche ein überschaubares Teilespektrum bearbeiten, wurde die Zentralsteuerung zurückgenommen.

2.4 `Neue Techniken` im Betrieb

Seit 15 Jahren wird CNC eingesetzt mit derzeit 30 Maschinen. Ebenso lange wird mit einem NC-Programmiersystem gearbeitet. Es laufen drei Flexible Fertigungssysteme mit insgesamt 6 Maschinen für die spanende Komplettbearbeitung. Seit 5 Jahren wird ein Roboter zum Schutzgasschweißen eingesetzt. CAD für die mechanische Konstruktion und CAD-CAM-Kopplungen befinden sich im Planungsstadium.

SYSTEMBESCHREIBUNG   3

3.1 System und Arbeitsaufgabe

Drei Drehzellen bearbeiten Futterteile in einer Aufspannung (Drehen, Bohren, Fräsen, Gewindeschneiden, Reiben, Senken) in Losgrößen zwischen 300 und 4000 Stück. Die Anlage ist mit einem automatischen Palettenbahnhof und mit einem Flexiblen Handhabungssystem (FHS) für Werkstücke an jeder Maschine ausgerüstet. Die 12er Werkzeugrevolver werden manuell bestückt. Die Maschinen stellen im Prinzip drei voneinander unabhängige, unverkettete Systeme dar.

3.2 Werkstücke

Es werden ca. 280 verschiedene Werkstücke (darunter viele Gußteile) im Durchmesser von 20 mm bis 250 mm bearbeitet. Die Bearbeitungszeit liegt zwischen 1 und 8 Minuten.

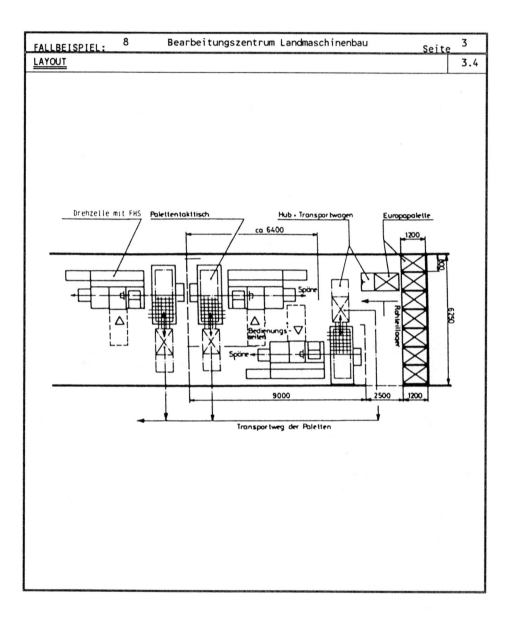

FALLBEISPIEL:	8	Bearbeitungszentrum Landmaschinenbau		Seite	4
PERSONAL UND ARBEITSORGANISATION - Übersicht					4.1

Mitarbeiter	Qualifikation	Anzahl	Schichtverteilung			
			normal	früh	spät	nachts
Bediener	Metall-Facharbeiter	3*		■	■	■

* Zusätzlich 2 Springer aus dem Betrieb

Es führen aus/sind verantwortlich für: ■ = allein ▦ = zusammen mit anderen	Bediener			
Disposition, Steuerung	▦			
Material, Transport	▦			
Warten, Instandhalten	▦			
Programm erstellen	▦			
Programmkorrektur,-optimierung	▦			
Maschine rüsten	■			
Informationen rüsten	■			
Bearbeiten, Überwachen	■			
Kontrollen	■			

FALLBEISPIEL: 8	Bearbeitungszentrum Landmaschinenbau	Seite 5
ARBEITSORGANISATION - Detailstruktur		4.2

Disposition,Steuerung	Bediener			
Aufträge verwalten				
Kapazitätsabgleich Maschinen				
Kapazitätsabgleich Personal				
Festlegung Prioritäten				
Feinterminierung				
Reihenfolgen festlegen				
Arbeitsablauf sicherstellen	■			

Material,Transport				
Material bereitstellen				
Materialbestand prüfen				
Materialtransport durchführen				
Transportverantwortung				

Warten, Instandhalten				
Pflegen der Anlage [1]				
Einfache Wartung nach Plan				
Einf.elektr. Störungen beheben	▨ [2]			
Einf.mechan. Störungen beheben	▨ [3]			

[1] durch Fremdfirma   [2] nur Bagatellen (z.B. Sicherungen)   [3] z.B. an Paletten

FALLBEISPIEL:	8	Bearbeitungszentrum Landmaschinenbau	Seite	6
ARBEITSORGANISATION - Detailstruktur				4.3

Programmieren, Planen	Bediener				
Programm erstellen *	▓				
Programm ändern *	▓				
Werkzeugplan erstellen	▓				
Spannplan erstellen	▓				
Bearbeitungsprobl. besprechen	■				
Bei Ausfällen: Operating					

* Siemens-Steuerung mit Geometrieprozessor; kein graphisch-dynamischer Bildschirm. Achsen: X,Y,Z + Revolverstellungen.

Maschine rüsten, vorbereiten					
Werkzeuge (WZ) voreinstellen					
WZ, Spannmittel bereitstellen					
WZ-Einstellung kontrollieren, WZ einsetzen	■				
Spannmittel vorber., aufbauen	■				
Werkstück spannen	■				
Sonst. Betr.-Mittel vorbereit.	■				

FALLBEISPIEL: 8	Bearbeitungszentrum Landmaschinenbau	Seite 7
ARBEITSORGANISATION - Detailstruktur		4.4

Informationen rüsten, vorbereiten	Bediener				
Info-träger einlegen/entnehmen	■				
Nullpunkt einstellen	■				
Korrekturschalter nach Plan setzen	■				
Korrekturschalter nach WZ-Verschleiß setzen	■				
Probelauf	■				

Bearbeiten und Überwachen					
Programm starten	■				
Arbeitsgang beobachten	■				
Späne brechen, entsorgen	■				
Werkzeugwechsel	■				
Betriebszustand überwachen	■				
Fertigungsfortschritt melden	■				
Störungen suchen	■				
Störungsmeldungen auswerten					
Kleine Störungen beheben	▨				

FALLBEISPIEL:	8	Bearbeitungszentrum Landmaschinenbau	Seite	8
ARBEITSORGANISATION - Detailstruktur				4.5

Kontrollen	Bediener				
Kontr. während der Bearbeitung	■				
Kontrolle der fertigen Stücke	■				
Prüfprotokolle führen					
Prüfstatistik bearbeiten					
Ausschuß erfassen					
Nacharbeit durchführen					
Nacharbeit erfassen					

QUALIFIZIERUNG 5

Es wurde Wert auf eine umfangreiche Qualifizierung gelegt: Die Bediener erhielten
einen 120-stündigen CNC-Grundkurs (bei REFA). Gerätespezifische Kenntnisse wurden
beim Hersteller in fünf Tagen vermittelt.
Die Wartung und Instandhaltung erhielt eine gerätespezifische Einweisung von fünf
Tagen (ebenfalls beim Hersteller). Vorarbeitern, Meistern, Betriebsleitern wurden
in einem Führungskräfteseminar CNC-Grundkenntnisse und Gerätekenntnisse beim
Hersteller in zwei Tagen vermittelt.

PLANUNG 6

Die gesamte Planung dauerte ein Jahr und erforderte einen Aufwand von ca. 6
Mannmonaten. Außer der Betriebsleitung wurden Meister, Vorarbeiter und Einrichter
an der Systemauswahl beteiligt (über eine Nutzwertanalyse).
Bediener wurden fallweise eingeschaltet - z.B. bei der Ausrüstung der Maschinen
mit Wendeeinrichtungen für Futterteile mit Beidseitbearbeitung.

Die Qualifizierungsmaßnahmen wurden schon kurz nach der Bestellung der Anlagen
geplant. Die Kurse begannen zwei Monate vor dem bestätigten Liefertermin.
Als Mitarbeiter wurden erfahrene Facharbeiter ausgesucht, die sich freiwillig
meldeten. Der Betriebsrat verhielt sich während der Planungsphase neutral, er
wurde über Besprechungstermine und Inhalte informiert.

FALLBEISPIEL: 8	Bearbeitungszentrum Landmaschinenbau	Seite 9

Der Übergang zur Komplettbearbeitung auf einer Maschine sprengte Abteilungs-grenzen. Die Meister müssen `neue` Techniken erlernen (nicht nur Drehen, sondern auch Bohren, Rollen, Räumen etc.). Dafür mußte bei ihnen erst wieder Verständnis geweckt werden. In einem Extremfall wurde ein Meister ausgewechselt, der sich gegen jede Veränderung sperrte.

Man versuchte bei der Planung und der Qualifizierung die Fehler zu vermeiden, die man bei vorhergehenden Investitionen bereits gemacht hatte: Damals wurde ausschließlich von oben geplant, was auch eine Schmalspurqualifizierung bei CNC- und Robotereinsatz mit sehr unbefriedigenden Ergebnissen zur Folge hatte.

ERGEBNISSE NACH 3 JAHREN	7

Die Durchlaufzeiten haben sich stark verbessert, könnten aber noch verkürzt werden, wenn nicht technische Probleme (Maschinenantrieb) bei großen Gewinden Umspannungen erforderten. Sonst haben sich Produktivität und Flexibilität des Systems sehr positiv entwickelt. Nacharbeiten haben sich erheblich verringert, die Stückkosten sind in bedeutendem Maße gesunken. Die Betriebsleitung ist überzeugt davon, daß der Effekt vor allem der selbständigen Arbeitsweise an der Maschine und der dazu notwendigen Qualifizierung zu verdanken ist.
Die Mitarbeiter sind hoch motiviert.

FALLBEISPIEL: 9	Bearbeitungszentrum Horizontal	Seite 1
ÜBERSICHT		1

1.1 System und Arbeitsaufgabe

Ein flexibles Fertigungssystem aus zwei Horizontal-Bearbeitungszentren bear-
beitet im DNC-Betrieb ca. 40 verschiedene Werkstücke in kleinen Losgrößen und
Bearbeitungszeiten von ca. 20 Minuten.
Die Investitionssumme lag bei ca. 3 Mio DM.

1.2 Organisation

Die Anlage ist in Doppelschicht mit insgesamt 8 Mitarbeitern besetzt. Trotz
einer ausgeprägten Zentralsteuerung und trotz sehr weitgehender Zuständig-
keiten der Arbeitsvorbereitung sind die Tätigkeitsspielräume der Maschinenmannschaften relativ breit angelegt.

1.3 Planung und Qualifizierung

Die Planung des Systems war Teil eines größeren Investitionsprojektes und
nahm zwei Jahre in Anspruch. Die Qualifizierungsplanung begann zeitgleich mit
der technischen Planung; die Qualifizierung selbst erfolgte intensiv und
sorgfältig. Sie ist in eine umfassende Personalentwicklungsplanung integriert.

1.4 Erfahrungen nach 6-monatiger Betriebszeit

Die Durchlaufzeiten bei Wiederholteilen sind stark reduziert, die Flexibilität
hat sich sehr verbessert, die Motivation der Mitarbeiter ist hervorragend.

Betriebliches Umfeld	2

2.1 Betriebsdaten

Der Betrieb produziert mit ca. 600 Mitarbeitern (davon 240 in Produktion und
Montage) Drehmaschinen in Einzel- und Kleinserienfertigung (maximal 20 Stück).
Der Facharbeiteranteil liegt bei ca. 95 %.

Gefertigt werden Standardmodelle in einer Vielzahl von Varianten. Der Fremdbezug ist unbedeutend. Da sehr kundenspezifisch produziert wird, spielt die
Fertigung auf Lager nur eine untergeordnete Rolle. Disponiert wird dement-
entsprechend überwiegend nach Kundenaufträgen.

2.2 Produktionsplanung und Steuerung

Alle Planungs- und Steuerungsroutinen laufen mit starker DV-Unterstützung.
Lediglich die Auftragsfortschritts-Verfolgung wird in Teilstrecken manuell
betrieben. Den einzelnen Arbeitsplätzen wird ein Arbeitsvorrat für 1 bis 2
Wochen von der Zentralsteuerung vorgegeben. Die Feinplanung für 1 bis 3 Tage
wird zwischen dem Meister und der Steuerung abgestimmt. Innerhalb dieses
Rahmens können die Maschinenmannschaften autonom planen.

118

FALLBEISPIEL: 9   Bearbeitungszentrum Horizontal   Seite 2

2.3   Grundlinien des Technikeinsatzes

Die Technik soll zur Unterstützung des Menschen eingesetzt werden. Der Mensch
muß die Kontrolle über die automatisierten Abläufe behalten.
Dies ist in offiziellen Unternehmensrichtlinien festgeschrieben. Die
Geschäftsleitung legt großen Wert darauf, daß Technik-, Organisations- und
Qualifizierungsplanung synchron verlaufen.

2.4   `Neue Techniken` im Betrieb

Seit 13 Jahren wird CNC eingesetzt (derzeit 25 Maschinen aller spanenden
Verfahren): Die Programmierung erfolgt seit 8 Jahren an zur Zeit 10 Terminals;
3 Maschinen (Drehen, Bohren, Fräsen) laufen unter DNC, ebenso die beschriebene
Installation. Der Einsatz von CAD befindet sich noch im Planungsstadium.

SYSTEMBESCHREIBUNG   3

3.1   System und Arbeitsaufgaben

Zwei gekoppelte horizontale Bearbeitungszentren führen im 2-Schichtbetrieb
Komplettbearbeitung (Bohren, Fräsen) prismatischer Werkstücke für Einzelteile
und Kleinserien durch. Werkstück- und Werkzeug-Wechsel sind automatisiert. Ein
Ein Palettenregal mit 20 Werkstückpaletten dient als Puffer.

3.2   Werkstücke

Pro Monat werden ca. 40 verschiedene Werkstücke mit Abmessungen zwischen
50x50x50 mm und 500x500x500 m bearbeitet. Die maximale Losgröße liegt bei
20 Stück.
Die Bearbeitungszeit dauert etwa 20 Minuten. Das manuelle Spannen für den
Grundaufbau nimmt ebenfalls ca. 20 Minuten in Anspruch . Das notwendige
Umspannen dauert nochmals etwa 5 Minuten.

3.3   Einbindung in das Umfeld

Werkzeuge werden aus dem zentralen Werkzeugmagazin geholt und manuell in den
automatischen Werkzeug-Wechsler eingebracht. Der Werkstücktransport erfolgt über
Schienen-gebundene Fahrzeuge.
Ein Zellenrechner, der über eine DNC-Kopplung mit der Programmierabteilung
vernetzt ist, steuert die Anlage. Die Auftragsfreigabe und die Rückmeldung
werden manuell in den Zellenrechner eingegeben. Die DV-Erfassung der
Auftragsdaten und deren direkte Weitergabe an das Produktionsplanungssystem
ist in Vorbereitung.
Innerhalb eines Arbeitsvorrates von 1 bis 3 Tagen führt die Maschinenmannschaft
die Feinplanung selbst durch.
Die Neuerstellung von NC-Programmen findet fast ausschließlich in der
Arbeitsvorbereitung statt. Korrekturen und Optimierungen erfolgen durch die
Maschinenmannschaft, die die Änderungen wieder an die Arbeitsvorbereitung
zurückspielt.
Für Kontrollen während der Bearbeitung ist die Mannschaft zuständig. Die
Endkontrolle führt die Qualitätssicherung zusammen mit den Mitgliedern der
Mannschaft durch.

Zentraler Werkzeug-Speicher

< - BAZ - >

Werkstück-Speicher

FALLBEISPIEL:	9 Bearbeitungszentrum Horizontal	Seite	4
PERSONAL UND ARBEITSORGANISATION - Übersicht			4.1

Mitarbeiter	Qualifikation	Anzahl	Schichtverteilung			
			normal	früh	spät	nachts
Anlagenführer	Facharbeiter (BAZ-Erfahrung)	2		■	■	
Werkzeug-einsteller	Facharbeiter	2		■	■	
Leitstand-führer *	Facharbeiter	1		■	■	
Einrichter	Facharbeiter	2		■	■	
Rüster	Facharbeiter	1		■	■	

* Ein Anlagenführer übernimmt Leitstandführer-Funktion mit.

Es führen aus/sind verantwortlich für: ■ = allein ▦ = zusammen mit anderen	Anlagen-führer	Ein-richter	Leit-stand-führer	Werkzeug-ein-steller	Rüster
Disposition, Steuerung	▦		▦		
Material, Transport	▦		▦		
Warten, Instandhalten	▦	▦	▦	▦	▦
Programm erstellen					
Programmkorrektur,-optimierung	▦	▦			
Maschine rüsten		▦			
Informationen rüsten	▦	▦	▦		
Bearbeiten, Überwachen	▦	▦	▦	▦	▦
Kontrollen	▦	▦			▦

FALLBEISPIEL: 9	Bearbeitungszentrum Horizontal			Seite 5
ARBEITSORGANISATION - Detailstruktur				4.2

Disposition,Steuerung	Anlagen-führer	Ein-richter	Leit-stand-führer	Werkzeug-ein-steller	Rüster
Aufträge verwalten	■		■		
Kapazitätsabgleich Maschinen					
Kapazitätsabgleich Personal	■		■		
Festlegung Prioritäten	■		■		
Feinterminierung	■		■		
Reihenfolgen festlegen					
Arbeitsablauf sicherstellen	■	■	■	■	■

Material,Transport					
Material bereitstellen					
Materialbestand prüfen	■		■		■
Materialtransport durchführen					
Transportverantwortung	■ *		■ *		

* Fordern Material bei der Fertigungssteuerung an

Warten, Instandhalten					
Pflegen der Anlage	■	■	■	■	■
Einfache Wartung nach Plan *	■	■	■	■	■
Einf.elektr. Störungen beheben	■	■			
Einf.mechan. Störungen beheben	■	■	■	■	■

* Wie: ölen, Späneförderer und Magazine kontrollieren

FALLBEISPIEL: 9 Bearbeitungszentrum Horizontal				Seite 6
ARBEITSORGANISATION - Detailstruktur				4.3

Programmieren, Planen	Anlagenführer	Einrichter	Leitstandführer	Werkzeugeinsteller	Rüster
Programm erstellen * **					
Programm ändern *	▨	▨			
Werkzeugplan erstellen **					
Spannplan erstellen **					
Bearbeitungsprobl. besprechen	▨	▨	▨	▨	▨
Bei Ausfällen: Operating	▨	▨	▨	▨	▨

* Heller-Steuerung mit 4 Achsen. Geometrieprozessor ist vorhanden, jedoch kein graphisch-dynamischer Bildschirm.

** Fällt in die alleinige Zuständigkeit der Arbeitsvorbereitung.

Maschine rüsten, vorbereiten	Anlagenführer	Einrichter	Leitstandführer	Werkzeugeinsteller	Rüster
Werkzeuge (WZ) voreinstellen				■	
WZ, Spannmittel bereitstellen				■ *	■ **
WZ-Einstellung kontrollieren, WZ einsetzen				■	
Spannmittel vorber., aufbauen					■
Werkstück spannen					■
Meßmittel vorbereiten	■				
Spannung kontrollieren	▨				▨

* Werkzeuge
** Spannmittel

FALLBEISPIEL: 9 Bearbeitungszentrum Horizontal				Seite 7	
ARBEITSORGANISATION - Detailstruktur					4.4

Informationen rüsten, vorbereiten	Anlagen-führer	Ein-richter	Leit-stand-führer	Werkzeug-ein-steller	Rüster
Info-träger einlegen/entnehmen	▨	▨	▨		
Nullpunkt einstellen		■			
Korrekturschalter nach Plan setzen		■			
Korrekturschalter nach WZ-Verschleiß setzen		■			
Probelauf		■			

Bearbeiten und Überwachen					
Programm starten		■			
Arbeitsgang beobachten	▨	▨	▨	▨	▨
Späne brechen, entsorgen	▨	▨	▨	▨	▨
Werkzeugwechsel				■	
Betriebszustand überwachen	▨	▨	▨	▨	▨
Fertigungsfortschritt melden	▨	▨	▨		
Störungen suchen	▨	▨	▨		▨
Störungsmeldungen auswerten	▨	▨	▨	▨	
Kleine Störungen beheben *	▨	▨	▨	▨	▨

* am Bearbeitungzentrum und am Transportsystem.

FALLBEISPIEL: 9	Bearbeitungszentrum Horizontal	Seite 8
ARBEITSORGANISATION - Detailstruktur		4.5

Kontrollen	Anlagen-führer	Ein-richter	Leit-stand-führer	Werkzeug-ein-steller	Rüster
Kontr. während der Bearbeitung	▓	▓			
Kontrolle d. fertigen Stücke [1]					▓
Prüfprotokolle führen [1]		▓			▓
Prüfstatistik bearbeiten [1]					
Ausschuß erfassen [1]					
Nacharbeit durchführen [1]		■			
Nacharbeit erfassen					

[1] Vor allem durch die Qualitätssicherung [2] Durch den Meister veranlaßt

QUALIFIZIERUNG 5

Anlagenführer, die bereits Erfahrungen aus ihrer beruflichen Praxis mitbrachten, durchliefen noch einen internen Kurs `CNC-Zerspaner` mit Aufbaukursen. Die ca. 100-stündige Maßnahme wurde in eintägigen Seminaren über ein ganzes Jahr verteilt. Spezielle, gerätespezifische Kenntnisse wurden in einem 2-3-wöchigen Kurs beim Lieferanten vermittelt.
Einrichter, Leitstandführer, Werkzeugeinsteller, und Rüster erhielten eine etwa 80-stündige Schulung als CNC-Zerspaner, sowie Aufbaukurse in Mechanik und Elektronik. Diese Maßnahme war als Folge ganztägiger Seminare über ein Jahr verteilt. Gerätespezifische Kenntnisse wurden in einer Woche durch den Lieferanten vermittelt.

Alle Gruppenmitglieder sollen durch Job-Rotation so qualifiziert werden, daß mit längerer Laufzeit der Anlage jeder jeden vertreten kann. Die Job-Rotation wird systematisch vom Meister und dem zuständigen Systemingenieur gesteuert.

Vorarbeiter durchliefen einen internen CNC-Kurs wie die Einrichter sowie eine einwöchige Geräteschulung beim Lieferanten.
Meister und Betriebsleiter wurden mit den Vorarbeitern am Gerät geschult.
Arbeitsvorbereitung, Konstruktion und die übrige Belegschaft wurden in Betriebsversammlungen, Abteilungsversammlungen, in Gruppengesprächen und über das schwarze Brett von der Investition informiert. Selbstverständlich wurde der Betriebsrat in die Informationen eingebunden.

FALLBEISPIEL:	9	Bearbeitungszentrum Horizontal	Seite	9
PLANUNG				6

Die Investition ist Teil eines größeren Projektes, welches mit einem Gesamtaufwand von ca. 50 Mannmonaten geplant wird. An der zweijährigen Planung für die beschriebene Investition wurden vom Planungsteam auch die betroffenen Mitarbeiter einbezogen, insbesondere solche mit CNC-Erfahrung, vor allem die Einrichter. Sie hatten Einfluß auf die Arbeitsorganisation, die Arbeitsgestaltung und damit auch auf das Pflichtenheft.
Die endgültige Version der Planung wurde in Übereinstimmung mit ihnen formuliert, ebenso der Umfang der Schulungen.
Die Einbeziehung der Betroffenen und der Betriebsräte wurde von der Geschäftsleitung ausdrücklich gestützt. Der Betriebsrat begleitete das Projekt und arbeitete in Teilbereichen der Planung mit. Es wurde eine Betriebsvereinbarung über die Einführung von neuen Techniken abgeschlossen.

Das Gesamtvorhaben ist als mehrjähriges Technik-, Organisations- und Personalentwicklungsprojekt angelegt, in dem man versucht, Potentiale der Mitarbeiter mit den Möglichkeiten der Technik besser zu integrieren.

Als ein großes Hindernis auf diesem Wege erwiesen sich immer wieder die Führungs- und Denkgewohnheiten vor allem des mittleren Managements. Ein intensives Führungstraining (vom Vorarbeiter an aufwärts), das seit etwa 6 Jahren durchgeführt wird, zeigt, daß auch die Denkprozesse der Führungskräfte geändert werden können.

ERGEBNISSE UND ERFAHRUNGEN NACH 6 MONATEN	7

Trotz der kurzen Betriebszeit der Anlage hatten sich die Durchlaufzeiten bei Wiederholteilen stark verkürzt. Bei Neuteilen erwartet man noch eine bedeutende Verbesserung der Zeiten, die erst mit der besseren Einarbeitung der Mannschaften (vor allem durch Job-Rotation) erreicht werden soll. Die Komplettbearbeitung mit einer Minimierung des Umspannens wurde voll erreicht, die Typen- und Einsatzflexibilität haben sich stark verbessert, die Motivation der Mitarbeiter ist hervorragend.
Die Betriebsleitung ist überzeugt davon, daß die bereits erreichten und die noch erwarteten Verbesserungen ohne die umfangreiche Qualifizierung und die breit angelegten Tätigkeitsfelder der Mannschaften nicht zu erreichen gewesen wären.

ÜBERSICHT   1

1.1   System und Arbeitsaufgaben

Das Flexible Fertigungssystem (FFS) besteht aus 4 Plasma-Schneidemaschinen und
einer Stanz-Nibbel-Maschine mit 6 Mann Personal.
Es werden etwa 80 - 100 verschiedene Werkstücke in Losgrößen zwischen 10 und
800 bearbeitet; es kommen auch Losgrößen von bis zu 2500 vor.
Die Anlage läuft in Doppelschicht plus einer mannarmen Schicht.

1.2   Organisation

Innerhalb eines etwa zweitägigen Auftragsrahmens können die Mannschaften ihre
Arbeit relativ autonom planen.
Programmiert wird in der Arbeitsvorbereitung. Die Arbeitsschwerpunkte der
einzelnen Mitarbeiter ergeben sich aus den (noch) unterschiedlichen
Qualifikationen.

1.3   Planung und Qualifizierung

An der dreijährigen Planung waren als unterste Betriebsebene Meister beteiligt.
Die Qualifizierung der Mitarbeiter begann im Vorfeld der Investition.
Alle Mitarbeiter besuchten CNC-Grundkurse und gerätespezifische Kurse.
Besonderer Wert wurde auf die Verbesserung der Sozialkompetenz gelegt.

1.4   Ergebnisse und Erfahrungen

Alle Ziele wie Verkürzung der Durchlaufzeiten, Verringerung der Wartezeiten,
Verbesserung der Flexibilität etc. wurden voll erreicht.
Die Verbesserungen werden zum großen Teil auf die breiten Tätigkeitszuschnitte
und die gute Qualifizierung der Mitarbeiter zurückgeführt.

BETRIEBLICHES UMFELD   2

Der Betrieb fertigt Spezialmaschinen. Von den ca. 6000 Mitarbeitern sind etwa
4000 in der Produktion beschäftigt. Der Facharbeiteranteil liegt bei 70%.
Die Maschinen werden in Typenreihen, aber mit starken kundenspezifischen Varianten gefertigt. Da die Einzelmaschinen von den Kunden üblicherweise zu Gruppen
zusammengefaßt werden, liegt die Seriengröße zwischen 10 und 250.
Es handelt sich um Erzeugnisse mit sehr komplexer Struktur, die sowohl eine
große Fertigungstiefe als auch umfangreichen Fremdbezug erfordern.
Da nur auf Bestellung mit Einzelaufträgen gearbeitet wird, wird auch kundenauftrags-orientiert disponiert.

2.2   Produktionsplanung und -steuerung

Die lang-, mittel- und kurzfristigen Planungen und Steuerungen laufen mit DV-
Unterstützung. Die Feinplanung erfolgt allerdings manuell. Die Aufträge werden
für Meisterbereiche so freigegeben, daß dort stets Arbeitsvorräte von 1 - 2
Tagen (Blechverarbeitung) oder auch länger (CNC-Drehen und -Fräsen:
1 - 3 Wochen) bestehen. Innerhalb des vorgegebenen Rahmenplanes kann die Ferti-
gungsmannschaft die Planung selbst übernehmen.

2.3   Grundlinien des Technikeinsatzes

Man versucht Technik so einzusetzen, daß die Fähigkeiten des Menschen durch die
EDV unterstützt werden und damit seine Flexibilität und Kreativität besser
zum Tragen kommen. Man ist daher von der Komplettplanung umfassender Systeme
wieder abgekommen und tastet sich statt dessen lieber stufenweise an bessere
Lösungen heran.

2.4   "Neue Techniken" im Betrieb

Der Betrieb setzt CNC bereits seit 20 Jahren ein. Derzeit sind ca. 270
Maschinen aller spanender Verfahren und der Blechbearbeitung im Einsatz,
darunter 6 Flexible Fertigungssysteme.
Ein Teil der Anlagen läuft im DNC-Betrieb.
CAD wird mit 17 Terminals für die mechanische und die Elektro-Konstruktion
genutzt, wobei CAD-CAM-Verknüpfungen zur Arbeitsplanung und zur NC-Program
mierung realisiert sind.
Einige Roboter werden zum Schweißen eingesetzt.

SYSTEMBESCHREIBUNG   3

3.1   System und Arbeitsaufgabe

Das System besteht aus 4 Plasma-Schneide- und einer Stanz-Nibbel-Maschine, die
im DNC-Betrieb Bleche von 4 bis 10 mm Dicke verarbeiten. Es werden ca. 80 - 100
verschiedene Werkstücke in Auftragslosgrößen zwischen 10 und 800 (gelegentlich
auch bis zu 2500) bearbeitet.
Die Beschickung der Maschinen und der Transport innerhalb des Systems ist automatisiert (Fahrerloses Transportsystem). Manuell erfolgen nur das Einrichten
und die Kontrolle, die in Eigenverantwortung durchgeführt wird.
Meßmaschinen stehen zur Verfügung.
Ein Materialpuffer für einen Produktionstag entkoppelt die Anlage vom Lager.
Die Maschinen laufen in Doppelschicht und einer zusätzlichen mannarmen Schicht
Die Investition belief sich auf 8,5 Millionen DM.

3.2   Werkstücke

Bearbeitet werden Rohteile in den Abmessungen 3700 x 1500 und 1000 x 2000 mm in
in Stärken von 4 - 10 mm. Die Bearbeitungszeiten für ein Los liegen bei etwa
400 Minuten (Plasma-Schneiden) und 800 Minuten (Stanzen/Nibbeln).

3.3   Einbindung in das Umfeld

Die Aufträge werden manuell über Auftragsblätter von der Fertigungssteuerung
freigegeben. Fertigstellung wird auf die gleiche Art zurückgemeldet.
Innerhalb eines Arbeitsvorrates von ein bis zwei Tagen ist die Mannschaft in
der Feinterminierung und der Reihenfolgeplanung frei. Dabei können allerdings
bestimmte Prioritäten bindend sein.
Die Anlage ist über einen Materialpuffer für 400 - 500 Minuten an den Maschinen
und einen zusätzlichen Puffer am Lager für einen Produktionstag von dort
entkoppelt.

| FALLBEISPIEL: 10 | Blechbearbeitungs-System | Seite 3 |

Die Mannschaften sind Selbstkontrolleure, werden dabei aber von der Qualitäts-
sicherung unterstützt. Bei Neu-Anläufen erfolgt eine 100%-Prüfung bis zur
Freigabe, danach nach Stichprobenplan. Prüfmerkmale sind Maßhaltigkeit und
Schnittqualität.
Der DNC-Rechner übergibt die in der Arbeitsvorbereitung erstellte Programme
und erfaßt Maschinendaten.

PERSONAL UND ARBEITSORGANISATION - Übersicht | 4.1

Mitarbeiter	Qualifikation	Anzahl	Schichtverteilung			
			normal	früh	spät	nachts
Einrichter	1 Angelernter 1 Facharbeiter	1		■	■	
NC-Werker	"metallähn-liche" Berufe	4		■	■	(■) **
Anlagenführer	Meister (Tech-nikerqualif.)	2		■	■	

 * Verantwortungsbereich reicht über das System hinaus.
** Wenn nachts, dann mannarmer Betrieb nur mit Werkern.

Es führen aus/sind verantwortlich für:

■ = allein   ▓ = zusammen mit anderen

	Ein-richter	NC-Werker	Anlagen-führer	
Disposition, Steuerung	▓	▓	▓	
Material, Transport	▓		▓	
Warten, Instandhalten	▓	▓		
Programm erstellen				Arbeitsvorbereitung
Programmkorrektur,-optimierung	▓	▓	▓	
Maschine rüsten	▓	▓		
Informationen rüsten	▓	▓		
Bearbeiten, Überwachen	▓	▓		
Kontrollen	▓	▓		

129

FALLBEISPIEL: 10 Blechbearbeitungs-System				Seite 4
ARBEITSORGANISATION - Detailstruktur				4.2

Disposition,Steuerung	Ein-richter	NC-Werker	Anlagen-führer	
Aufträge verwalten				
Kapazitätsabgleich Maschinen	▩		▩	
Kapazitätsabgleich Personal	■ *	▩	▩	
Festlegung Prioritäten	■			
Feinterminierung	■			
Reihenfolgen festlegen	■			
Arbeitsablauf sicherstellen	▩	▩		

* Der Einrichter entscheidet nach Absprache mit den Werkern u.dem Anlagenführer

Material,Transport				
Material bereitstellen	▩		▩	
Materialbestand prüfen			Materialwirtschaft	
Materialtransport durchführen			Transportsystem	
Transportverantwortung	■ *			

* Entsorgung durch Stapler

Warten, Instandhalten				
Pflegen der Anlage	▩	▩		
Einfache Wartung nach Plan *	▩	▩		
Einf.elektr. Störungen beheben			Instandhaltung	
Einf.mechan. Störungen beheben			Instandhaltung	

* Ölwechsel, Werkzeuge nachstellen

FALLBEISPIEL: 10   Blechbearbeitungs-System   Seite 5

ARBEITSORGANISATION - Detailstruktur   4.3

Programmieren, Planen	Ein-richter	NC-Werker	Anlagen-führer	
Programm erstellen *				Arbeitsvorbereitung
Programm ändern *	▓	▓	▓	Arbeitsvorbereitung
Werkzeugplan erstellen				
Spannplan erstellen				
Bearbeitungsprobl. besprechen				
Bei Ausfällen: Operating				

* Es werden Sinumerik-Steuerungen mit 2 Achsen eingesetzt. Geometrieprozessoren sind zwar vorhanden, werden aber nicht genutzt. Programmkorrekturen und -optimierungen werden vor allem von den Einrichtern zusammen mit der Arbeits-vorbereitung durchgeführt; die NC-Werker sollen aber auch schrittweise Pro-grammiertätigkeiten übernehmen, da sie in der Nachtschicht im personalarmen Betrieb alles beherrschen müssen.

	Ein-richter	NC-Werker	Anlagen-führer	
Maschine rüsten, vorbereiten				
Werkzeuge (WZ) voreinstellen				
WZ, Spannmittel bereitstellen				Werkzeugvorbereitg.
WZ-Einstellung kontrollieren, WZ einsetzen	▓	▓ *		
Spannmittel vorber., aufbauen				
Werkstück spannen				
Sonst. Betr.-Mittel vorbereit.				Werkzeugvorbereitg.

* Nur bei Wiederholprogrammen

FALLBEISPIEL:	10	Blechbearbeitungs-System		Seite	6
ARBEITSORGANISATION - Detailstruktur					4.4

Informationen rüsten, vorbereiten	Ein-richter	NC-Werker	Anlagen-führer		
Info-träger einlegen/entnehmen				(DNC-Betrieb)	
Nullpunkt einstellen	■				
Korrekturschalter nach Plan setzen	■				
Korrekturschalter nach WZ-Verschleiß setzen	■				
Probelauf	■	(◨) *			

* Nur bei Wiederholprogrammen

Bearbeiten und Überwachen					
Programm starten	▨	▨			
Arbeitsgang beobachten		▨			
Schrott entsorgen		▨			
Werkzeugwechsel	▨	▨ *			
Betriebszustand überwachen		▨			
Fertigungsfortschritt melden	■				
Störungen suchen **	▨	▨			
Störungsmeldungen auswerten***	▨		▨		
Kleine Störungen beheben **	▨	▨			

  * Nur bei Wiederholfällen
 ** Nur bei Bagatellstörungen. Alle anderen liegen im Zuständigkeitsbereich
    des Instandsetzung.
*** Der Einrichter führt ein Bordbuch, welches vom Anlagenführer ausgewertet
    wird.

FALLBEISPIEL:	10	Blechbearbeitungs-System		Seite	7

ARBEITSORGANISATION - Detailstruktur | 4.5

Kontrollen	Ein-richter	NC-Werker	Anlagen-führer		
Kontr. während der Bearbeitung	▓	▓			
Kontrolle der fertigen Stücke	▓	▓			
Prüfprotokolle führen				Qualitätssicherung	
Prüfstatistik bearbeiten					
Ausschuß erfassen				Qualitätssicherung	
Nacharbeit durchführen					
Nacharbeit erfassen					

QUALIFIZIERUNG   5

Alle Mitarbeiter, die an der Anlage beschäftigt sind, besuchten einen betriebs-
internen 40-stündigen CNC-Grundkurs, der mit einer Prüfung abschloß.
Die gerätespezifische Einweisung erfolgte für die Erstinstallation beim Her-
steller, später im Betrieb.
Zur Verbesserung ihrer Teamfähigkeit nehmen alle Mitarbeiter der Anlage an
Qualitätszirkeln teil.
Die Einrichter erhielten darüberhinaus noch ein internes 40-stündiges
Moderatoren-Training für Qualitätszirkel, die Anlagenführer dazu noch internes
und externes Training in Führungsverhalten und Wertanalyse.
Die NC-Werker werden on the job schrittweise an komplexere Programmierarbeiten
herangeführt, damit sie in der mannarmen dritten Schicht auch Optimierungs-
arbeiten durchführen können.

PLANUNG   6

Die Planung des Systems war Teil einer größeren Umstellung und dauerte 3 Jahre.
An ihr nahmen teil: Fertigung, Materialwirtschaft, Konstruktion und das Lager.
Unterhalb der Meisterebene wurde nur über die Planungen informiert.
Der Betriebsrat ließ sich informieren, ergriff aber keinen Initiative; er war
bereits vorher bei der Einführung eines allgemeinen Qualifizierungsangebotes
für alle Mitarbeiter aktiv geworden.

Die Qualifizierungsmaßnahmen wurden im Vorfeld der Investition so geplant, daß
daß die Anlagen möglichst direkt in Betrieb gehen konnten.

| FALLBEISPIEL: | 10 | Blechbearbeitungs-System | Seite | 8 |
| ERGEBNISSE UND ERFAHRUNGEN | | | | 7 |

Bewertung nach zwei Jahren:

Die ursprünglichen Ziele - Rationalisierung des Ablaufes, Verbesserung der Arbeitsbedingungen und Erhöhung der Flexibilität - wurden voll erreicht.

Die Durchlaufzeiten haben sich ebenso verkürzt wie die Wartezeiten aus organisatorischen Gründen.
Insgesamt hat sich die Produktivität stark verbessert; die Ausschuß- und Kontrollkosten sind geringer geworden, ebenso die Personalfluktuation und die Fehlzeiten. Die Motivation der Mitarbeiter ist sehr gut.
Diese Effekte werden zu einem großen Teil der recht autonomen Arbeitsorganisation und der sorgfältigen Qualifizierung zugeschrieben.

| FALLBEISPIEL: | 11 | Stanze | | Seite | 1 |
| ÜBERSICHT | | | | | 1 |

1.1 System und Arbeitsaufgaben

Das Beispiel beschreibt eine Stanz-, Nibbel- und Plasma-Schneidemaschine für metallische Werkstoffe. Etwa 7500 verschiedene Werkstücke werden in Losgrößen von 1 - 4, oft auch bis 1000, bearbeitet.
Die Anlage läuft in drei Schichten.

1.2 Organisation

Die Maschine ist pro Schicht mit einem Bediener besetzt, der als Betreuer einer "Insellösung" in seiner Arbeit weitgehend autonom ist. Anspruchsvollere Programmieraufgaben werden von der Arbeitsvorbereitung wahrgenommen.
Die Autonomie der Bediener beschränkt sich allerdings auf den technischen Bereich: Trotz eines Arbeitsvorrates von einer Woche haben sie kaum Möglichkeit, die Reihenfolgeplanungen zu beeinflussen.
Da man im Betrieb Autoritätsprobleme befürchtet, will man die in anderen Betriebsbereichen bereits praktizierte Werkstattprogrammierung wieder zurück in die Arbeitsvorbereitung verlagern.

1.3 Planung und Qualifizierung

Die Planung geschah weitgehend unter Ausschluß der Betroffenen und auch der Meister. Dieses Vorgehen erzeugte nicht nur Akzeptanzprobleme, sondern auch Planungsmängel.
Als Bediener wurden Maschinenschlosser eingesetzt, von denen jedoch nur einer eine CNC-Ausbildung erhielt. Die anderen wurden ausschließlich on the job geschult.

1.4 Erfahrungen

Die Erwartungen wurden voll erfüllt, teilweise übertroffen, denn es wurden Anwendungen realisiert, die die Planung nicht gesehen hatte. Dadurch, daß gelernte und erfahrene Schlosser die Anlage übernahmen, konnten die Störungszeiten klein gehalten werden.

| BETRIEBLICHES UMFELD | 2 |

2.1 Betriebsdaten

Das Maschinenbauunternehmen fertigt Anlagen zur Elektrischen Metallbehandlung. Von den etwa 800 Mitarbeitern sind 350 in der Produktion beschäftigt. Der Facharbeiteranteil liegt bei fast 100%.
Die sehr komplexen Produkte werden nur auf Bestellung mit Einzelaufträgen nach Kundenspezifikation gefertigt. Daher herrscht Einzelfertigung vor. Die maximale Seriengröße ist 5 Stück.
Die Fertigungsstruktur ist sehr tief und der Fremdbezug nur unbedeutend.

2.2   Produktionsplanung und -steuerung

Die lang-, mittel- und die kurzfristigen Planungen und Steuerungen werden stark durch DV gestützt.
Arbeitsvorräte werden für jeweils einen Tag direkt an die Arbeitsplätze gegeben. Das hier beschriebene System bildet mit einem Arbeitsvorrat von einer Woche eine Ausnahme.
Aber auch hier werden die Reihenfolgen der Aufträge von der Steuerung und dem Meister bestimmt und den Arbeitsplätzen fest vorgegeben. Änderungen sind nur nach Rücksprache mit dem Meister zulässig.

2.3   Grundlinien des Technikeinsatzes

Die Mikroelektronik wird als Hilfsmittel des Menschen gesehen. Man will deshalb alle Systeme durchschaubarer gestalten. Es ist geplant, allen Mitarbeitern den Zugang zu allen für sie relevanten Informationen zu erleichtern. Steuerungsabteilungen sollen Spezialisten für Information sein, nicht Macht ausüben.
Auf der anderen Seite stellt man fest, daß die höhere Kompetenz der Mitarbeiter die Meister in teilweise Abhängigkeit von ihren Leuten bringt. Dem will man dadurch entgegenwirken, daß man (bei anderen CNC-Anwendungen) die Stellung der Arbeitsvorbereitung stärkt und die Werkstattprogrammierung wieder zurücknimmt.

2.4   "Neue Techniken" im Betrieb

Seit 10 Jahren wird CNC mit derzeit 10 Maschinen für spanende Bearbeitung und Stanzen eingesetzt. Ebensolange existiert ein NC-Programmiersystem mit 6 Arbeitsplätzen. Seit 4 Jahren wird CAD mit 17 Arbeitsplätzen genutzt. CAD-CAM-Kopplungen zur Arbeitsplanung und zur NC-Porgrammierung befanden sich im Versuch.

SYSTEMBESCHREIBUNG   3

Die CNC-gesteuerte Anlage stanzt, nibbelt und schneidet Bleche bis 10 mm Stärke für den Schaltschrank- und den Maschinenbau. Die ca. 7500 verschiedenen Werkstücke wechseln sehr häufig: die übliche Losgröße liegt bei 3 bis 4, die Obergrenze bei 1000 Stück. Die Arbeit läuft weitgehend automatisiert ab. Die Stanzwerkzeuge werden automatisch in die Halterung eingesetzt und gespannt. Die Halterung wird dann manuell eingeschoben.
Die Beschickung geschieht über ein Handhabungsgerät. Kleinteile werden automatisch entsorgt, große manuell.
Die Überwachung der Düsenstandzeiten der Plasma-Anlage ist automatisiert.
Das System ist als Insellösung ohne datentechnische Verknüpfung zu seiner Umgebung installiert worden.
Die Anlage läuft in drei Schichten mit jeweils einem Bediener
Die Investitionssumme lag bei 800.000,- DM.

3.2   Werkstücke

Die Abmessungen der Fertigteile variieren zwischen 10 x 10 und 1500 x 2500 mm. Ein Arbeitsgang dauert (incl. Rüsten) 10 bis 60 Minuten.

| FALLBEISPIEL: | 11 | Stanze | | Seite | 3 |

3.3 Einbindung in das Umfeld

Die Aufträge werden manuell über Einzelbelege freigegeben. Innerhalb des Arbeitsvorrates von einer Woche können die Reihenfolgen nur nach Rücksprache mit dem Meister abgeändert werden.
Die Fertigmeldung erfolgt durch Eintrag auf dem Auftragszettel.
Das Einlesen der Programme geschieht manuell.
Die Zu- und Abfuhr von Material erfolgt mit konventionellen Hubgeräten.
Die Bediener sind Selbstkontrolleure. Jedoch müssen alle komplizierten Neuteile über die Meßmaschine der Qualitätssicherung, die auch nach der Freigabe noch Stichproben auf Maßhaltigkeit und Schnittgüte prüft.

| PERSONAL UND ARBEITSORGANISATION - Übersicht | | 4.1 |

Mitarbeiter	Qualifikation	Anzahl	Schichtverteilung			
			normal	früh	spät	nachts
Maschinen-bediener	Maschinen-schlosser	3		■	■	■

Es führen aus/sind verantwortlich für: ■ = allein ▦ = zusammen mit anderen	Ma-schinen-bediener					
Disposition, Steuerung	▦					
Material, Transport	■					
Warten, Instandhalten	▦					
Programm erstellen	▦					
Programmkorrektur,-optimierung	■					
Maschine rüsten	■					
Informationen rüsten	■					
Bearbeiten, Überwachen	■					
Kontrollen	▦					

FALLBEISPIEL: 11 Stanze		Seite 4
ARBEITSORGANISATION - Detailstruktur		4.2

Disposition,Steuerung	Ma-schinen-bediener				
Aufträge verwalten					
Kapazitätsabgleich Maschinen					
Kapazitätsabgleich Personal					
Feinterminierung					
Reihenfolgen festlegen	▦	Nur zusammen mit dem Meister			
Arbeitsablauf sicherstellen	■				
Werkzeuge beschaffen	■				

Material,Transport					
Material bereitstellen					
Materialbestand prüfen	■				
Materialtransport durchführen	■ *				
Transportverantwortung					
* Ver- und entsorgung					

Warten, Instandhalten					
Pflegen der Anlage	■				
Einfache Wartung nach Plan	■				
Einf.elektr. Störungen beheben					
Einf.mechan. Störungen beheben	▦ *				
* Arbeitet mit der Instandhaltung zusammen					

FALLBEISPIEL: 11 Stanze					Seite 5
ARBEITSORGANISATION - Detailstruktur					4.3

Programmieren, Planen	Ma-schinen-bediener				
Programm erstellen *	▓				
Programm ändern *	■				
Werkzeugplan erstellen					
Spannplan erstellen	▓ **				
Bearbeitungsprobl. besprechen	■				
Bei Ausfällen: Operating					

  * Installiert ist eine Siemens 8 N-Steuerung mit 3 Achsen. Die Programmierung
    erfolgt im Normalfall in der Arbeitsvorbereitung (TC-APT).
    Einfache Parameterprogrammierung wird an der stehenden Maschine durchgeführt
    Die Programmoptimierung und -korrektur ist im Regelfall Aufgabe des Bedie-
    ners, der der Arbeitsvorbereitung die Änderungen meldet. Der Programmierer
    wirkt nur bei der Änderung sehr komplexer Programme mit.
 ** Nur bei selbst erstellten Programmen.

Maschine rüsten, vorbereiten					
Werkzeuge (WZ) voreinstellen					
WZ, Spannmittel bereitstellen	■				
WZ-Einstellung kontrollieren, WZ einsetzen	■				
Spannmittel vorber., aufbauen	■				
Werkstück spannen	■				
Sonst. Betr.-Mittel vorbereit.	■ *				

  * Scherenhubtisch

139

| FALLBEISPIEL: | 11 | Stanze | | Seite | 6 |

ARBEITSORGANISATION - Detailstruktur | | | | | 4.4

Informationen rüsten, vorbereiten	Ma-schinen-bediener				
Info-träger einlegen/entnehmen	■				
Nullpunkt einstellen	■				
Korrekturschalter nach Plan setzen			Service-Mann		
Parameter für neue Werkstoffe durch Versuche ermitteln	■				
Probelauf	■				

Bearbeiten und Überwachen					
Programm starten	■				
Arbeitsgang beobachten	■				
Späne brechen, entsorgen	■				
Werkzeugwechsel	■				
Betriebszustand überwachen	■				
Fertigungsfortschritt melden	■				
Störungen suchen	■				
Störungsmeldungen auswerten	■				
Kleine Störungen beheben	■				
Große Teile entnehmen	■				

FALLBEISPIEL: 11 Stanze		Seite 7
ARBEITSORGANISATION - Detailstruktur		4.5

Kontrollen	Ma-schinen-bediener				
Kontr. während der Bearbeitung					
Kontrolle der fertigen Stücke	▓		Qualitätssicherung		
Prüfprotokolle führen					
Prüfstatistik bearbeiten					
Ausschuß erfassen	▓		Qualitätssicherung		
Nacharbeit durchführen					
Nacharbeit erfassen					

QUALIFIZIERUNG 5

Als Bediener wählte man erfahrene Maschinenschlosser aus. Einem wurde in der
eigenen Lehrwerkstatt in einem zweiwöchigen Kurs CNC-Grundkenntnisse (Fräsen)
vermittelt. In einem einwöchigen Herstellerkurs lernte er das System und seine
Programmierung kennen.
Seine so erworbenen Kenntnisse gab er an seine beiden anderen Kollegen weiter.

Die Vorgesetzten der Mannschaft wurden nur über das System informiert.

PLANUNG 6

Die Planung des Systems dauerte zwei Jahre und nahm etwa 200 Mann-Stunden in
Anspruch. An ihr waren nur die Arbeitsvorbereitung und die Technische Leitung
beteiligt. Diese isolierte Planung erwies sich später als nicht optimal.
Einmal fühlten sich vor allem die Meister vor vollendete Tatsachen gestellt und
und akzeptierten die Anlage nur widerwillig. Dazu stellte sich heraus, daß die
Planer manche Anwendungsmöglichkeiten und Probleme übersehen hatten, was bei
einem besseren Kontakt mit der Werkstatt hätte vermieden werden können.

Der Betriebsrat verhielt sich neutral, da die Investition keine Arbeitsplätze
gefährdete.

FALLBEISPIEL: 11 Stanze	Seite 8
ERGEBNISSE UND ERFAHRUNGEN	7

Die Hauptziele der Investition, die Rationalisierung von Arbeitsgängen und die Verbesserung der Qualität, wurden voll erreicht.
Insgesamt hat sich die Produktivität stark verbessert. Die Flexibilität des Betriebes ist gestiegen, die Durchlaufzeiten wurden stark verkürzt.

Neben den technischen Neuerungen, die die Anlage mit sich brachte, ist ein wesentlicher Teil der Verbesserungen der Tatsache zu verdanken, daß die Betreuung der Anlage erfahrenen Schlossern übertragen wurde. Sie konnten Schäden besser vermeiden und vor allem sofort reparieren. Dadurch konnten Ausfallzeiten teilweise drastisch gesenkt werden.

Mit dem eigenen Planungsverfahren ist man jedoch nicht zufrieden. Ein besserer Kontakt zu den Betroffenen hätte manche Schwierigkeiten vermieden.

142

FALLBEISPIEL: 12	Roboter Feinwerktechnik	Seite 1
ÜBERSICHT		1

1.1 System und Arbeitsaufgabe

Zwei Scara-Roboter bestücken bzw. löten kleinformatige Leiterplatten im Klein- bis hin zum Großserienbereich. Die Anlagen sind nicht miteinander verkettet.

1.2 Organisation

Beide Anlagen werden zusammen von einer Montage-Fachkraft pro Schicht betreut. In der Nachtschicht läuft der Bestückungsroboter bis zu vier Stunden im mannlosen Betrieb. Wegen der hohen Losgrößen können nur wenige Dispositions- oder Planungsarbeiten von den Betreuern übernommen werden. Sonst ist deren Tätigkeitsspektrum recht weit: Bis auf die Programmerstellung, die einmal für die gesamte Serienlaufzeit von mehreren Jahren erfolgt, werden alle vorkommenden Arbeiten vom Mann selbst erledigt.

Durch die großen Puffer an den Robotern (Beschicken: 4 Stunden, Löten: 0,5 Stunden) erweist sich der Verantwortungsbereich von zwei Robotern pro Mann als zu klein. Man will ihnen in Zukunft mehr Installationen anvertrauen.

1.3 Planung und Qualifizierung

Die Planung dauerte zwei Jahre bei einem Aufwand von einem halben Mannjahr. An der Planung waren die Fachvorgesetzten beteiligt. Die Betreuer haben eine intensive Ausbildung erfahren (Umschulung zum Automationstechniker in einem Berufsförderungswerk). Sie sind dadurch aber auch teilweise überqualifiziert: Sie dürfen wegen der Unfall-Verhütungsvorschriften nicht den Steuerschrank öffnen, obwohl sie für die dort vorkommenden Arbeiten oft besser qualifiziert sind als die berechtigten Elektriker.

1.4 Erfahrungen nach 4 Jahren

Insgesamt handelt es sich um eine Installation, bei der versucht wurde, trotz Seriengrößen-bedingter stark zentralisierter Feinplanung weitere Arbeitsgebiete zu schaffen. Die angestrebten Investitionsziele wurden nicht alle erreicht, was aber in erster Linie technisch bedingt war. Der Einfluß der guten Qualifizierung auf die Produktivität der Installation wurde als sehr stark bezeichnet, die Bedeutung der Arbeitsorganisation für die Verringerung der Stückkosten als stark.

BETRIEBLICHES UMFELD	2

2.1 Betriebsdaten

Der Betrieb stellt mit 1900 Mitarbeitern (1200 in Produktion und Montage, Facharbeiteranteil 66 %) unter anderem Geräte der Feinwerktechnik her. Diese werden nach Kundenspezifikationen auf Bestellung innerhalb von Rahmenaufträgen gefertigt. Disponiert wird Kundenauftrags-orientiert.

Es handelt sich bei den Geräten um Produkte mit sehr komplexer Struktur, die in vielen Schritten weitgehend aus Fremdteilen gefertigt werden.

Die häufigste Fertigungsart liegt im Kleinserienbereich (1 bis 200). Es kommen durchaus aber auch Mittel- und Großserien vor (1600 bis 10 000 Stück).

2.1   Produktionsplanung und Steuerung

Die lang-, die mittel- und die kurzfristige Planung und Steuerung laufen stark EDV-gestützt. Wegen der hohen Anzahl der zu verplanenden Teile (ca. 200 Bau-gruppen) ist sowohl in der kurzfristigen Disposition als auch in der Auftrags-freigabe manuelles Eingreifen möglich. BDE-Systeme zur Auftragsfortschritts-Verfolgung sind teilweise installiert.

Das DV-gestützte Steuerungssystem gibt jeweils einen Auftrag für jeden Arbeitsplatz frei.

2.3   Grundlinien des Technikeinsatzes

Man versucht zumindest in Teilbereichen, die Arbeitsteiligkeit zurückzunehmen (CNC-Fertigung, Robotereinsatz) und Dispositionsfunktionen wieder an den Arbeitsplatz zu verlagern. Dieses Thema wird öfter von der Werksleitung und den Ressortleitern ange-sprochen.Jedoch läßt die Serienstruktur verstärkte Planungsarbeit an der Basis kaum zu.

2.4   `Neue Techniken` im Betrieb

Seit drei Jahren wird mit CNC gearbeitet, derzeit an 20 Maschinen, die alle spanenden Verfahren abdecken. Sie werden über NC-Programmiersysteme mit 20 Terminals programmiert. Sechs Maschinen laufen im DNC-Betrieb, drei flexible Fertigungssysteme werden für Zerspanung eingesetzt. Die Konstruktion verfügt über ein 2D-CAD-System mit 10 Terminals. Es ist mit der Arbeitsplanung ver-knüpft (Stücklistenerstellung).

Seit vier Jahren werden Roboter eingesetzt, davon einer zur Werkstückhandhabung einer Werkzeugmaschine und drei in der Werkzeughandhabung zur Bauteilemontage und -prüfung.

SYSTEMBESCHREIBUNG   3

3.1   System und Arbeitsaufgaben

Es werden zwei Scara-Roboter zum Bestücken bzw. Löten kleinformatiger Leiter-platten eingesetzt. Der Bestückungsroboter (Auftragslosgröße 1 bis 10 000 Stück) wird automatisch über ein Band beschickt, der Lötroboter (Losgröße ca. 1600) manuell über ein Magazin. Gelötet wird mit Laser. Die Arbeitsvorräte (Speicher) reichen beim Bestücken für vier Stunden, beim Löten für eine halbe Stunde. Die Anlage wird in zwei Schichten genutzt, der Bestückungsroboter zusätzlich noch vier Stunden im mannlosen Nachtbetrieb.
Die Investitionssumme betrug ca. 450.000,-- DM.

3.2 Werkstücke

Es werden vier verschiedene Arten von Leiterplatten bearbeitet: Kreisförmige
Platten von 13 mm Durchmesser und rechteckige Werkstücke bis 400 mm . Die
Bearbeitungszeit liegt beim Bestücken bei ca. 1 Minute, beim Löten bei
5 Minuten.

3.3 Einbindung in das Umfeld

Die Einzelteile werden in Schäferkisten manuell angeliefert, Fertigteile in Ma-
gazinen abgelegt, die dann manuell zu einem Testsystem transportiert werden.
Das Einlesen der Programme geschieht manuell. Änderungen erfolgen am Gerät. Da
die Rahmenaufträge jeweils über mehrere Jahre laufen, erfolgt die Programmierung
für Serien beim Hersteller.

Aufträge werden manuell an den Arbeitsplatz übermittelt. Ebenso läuft die
Fertigmeldung manuell. Ein Los umfaßt beim Löten zwei bis drei Tage, beim
Bestücken ca. eine Woche.
Die Qualitätssicherung ist nicht in das System integriert. Nach dem Löten
beginnt ein gesonderter Qualitätstest.

LAYOUT   3.4

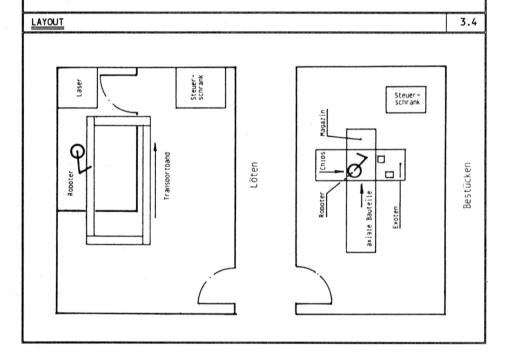

PERSONAL UND ARBEITSORGANISATION - Übersicht | 4.1

Mitarbeiter	Qualifikation	Anzahl	Schichtverteilung			
			normal	früh	spät	nachts
Montage-Fachkraft	Automations-Mechaniker	2		■	■	

Es führen aus/sind verantwortlich für: ■ = allein ▦ = zusammen mit anderen	Montage-Fachkraft			
Disposition, Steuerung	■			
Material, Transport	■			
Warten, Instandhalten	■			
Programm erstellen				
Programmkorrektur,-optimierung	■			
Maschine rüsten	■			
Informationen rüsten	■			
Bearbeiten, Überwachen	■			
Kontrollen	■			

FALLBEISPIEL: 12	Roboter Feinwerktechnik	Seite 5
ARBEITSORGANISATION - Detailstruktur		4.2

Disposition,Steuerung	Montage-Fachkraft				
Aufträge verwalten	■				
Kapazitätsabgleich Maschinen					
Kapazitätsabgleich Personal					
Festlegung Prioritäten					
Feinterminierung					
Reihenfolgen festlegen					
Arbeitsablauf sicherstellen	■				

Material,Transport					
Material bereitstellen					
Materialbestand prüfen					
Materialtransport durchführen	■				
Transportverantwortung	■				

Warten, Instandhalten					
Pflegen der Anlage	■				
Einfache Wartung nach Plan	■ *				
Einf.elektr. Störungen beheben	■ **				
Einf.mechan. Störungen beheben	■				

* Messer für Exoten-Anpassung nachschärfen, Greifer kontrollieren und nachstellen, Luftöler warten etc.
** Nur bis zum Steuerschrank. Dort ist der Elektriker zuständig.

FALLBEISPIEL: 12 Roboter Feinwerktechnik				Seite 6

ARBEITSORGANISATION - Detailstruktur				4.3

Programmieren, Planen	Montage-fachkraft			
Programm erstellen *				
Programm ändern *	■			
Werkzeugplan erstellen				
Spannplan erstellen				
Bearbeitungsprobl. besprechen	■			
Bei Ausfällen: Operating	■			

* Es werden 3 Achsen textuell und im Teach-in-Verfahren programmiert.
Die Programmerstellung erfolgt jedoch nur einmal bei Anlauf einer neuen
Serie, die meistens mehrere Jahre unverändert produziert wird. Das Programm wird dabei vom Hersteller der Anlage geliefert, der es auf die
sehr komplexe Peripherie abstimmt.

Maschine rüsten, vorbereiten				
Werkzeuge (WZ) voreinstellen				
WZ, Spannmittel bereitstellen				
WZ-Einstellung kontrollieren, WZ einsetzen	■			
Spannmittel vorber., aufbauen	■			
Werkstück spannen				
Sonst. Betr.-Mittel vorbereit.				

ARBEITSORGANISATION - Detailstruktur   4.4

Informationen rüsten, vorbereiten	Montage-Fachkraft				
Info-träger einlegen/entnehmen	■				
Nullpunkt einstellen	■				
Korrekturschalter nach Plan setzen	■				
Korrekturschalter nach WZ-Verschleiß setzen	■				
Probelauf	■				

Bearbeiten und Überwachen					
Programm starten	■				
Arbeitsgang beobachten	■				
Späne brechen, entsorgen					
Werkzeugwechsel	■				
Betriebszustand überwachen	■				
Fertigungsfortschritt melden	■				
Störungen suchen	■				
Störungsmeldungen auswerten					
Kleine Störungen beheben	■				
Roboter-Magazin füllen	■				
Teile einzeln einlegen					
Teile entnehmen	■				

FALLBEISPIEL: 12 Roboter Feinwerktechnik				Seite 8

ARBEITSORGANISATION - Detailstruktur | 4.5

Kontrollen	Montage-Fachkraft				
Kontr. während der Bearbeitung	▉ *				
Kontrolle der fertigen Stücke	▉ *				
Prüfprotokolle führen					
Prüfstatistik bearbeiten					
Ausschuß erfassen					
Nacharbeit durchführen					
Nacharbeit erfassen					
* nach Stichprobenplan					

QUALIFIZIERUNG | 5

Die Montagefachkräfte haben eine sehr intensive Ausbildung erfahren. In einer Umschulung zum Automationstechniker erwarben sie gute Kenntnisse in Mechanik, Elektrik, Pneumatik, Hydraulik, Steuerungstechnik und Programmierung. Die Umschulung fand in einem Berufsförderungswerk statt und dauerte mehrere Monate. Gerätespezifische Kenntnisse wurden durch den Lieferanten vermittelt (Bestückung: 2 Wochen, Löten: 1 Woche).

Die Mitarbeiter sind nach Meinung des Betriebsleiters eher überqualifiziert. Sie dürfen wegen zwingender Unfallverhütungs-Vorschriften keine Arbeiten am Steuerschrank vornehmen, obwohl sie es besser könnten als die dazu befugten Elektriker. Die Programmierung neuer Teile kommt wegen mehrjähriger Serienlaufzeiten kaum vor.

Die Vorarbeiter gingen durch einen internen Roboterlehrgang. Die Einführung in den Bestückungsroboter geschah in zwei Wochen durch den Lieferanten.

Meister, Betriebsleiter, Arbeitsvorbereitung und der Betriebsrat wurden über die Installation informiert, außerdem wurden für die Betriebsleitung und die Meister interne und externe Führungskurse veranstaltet.

150

FALLBEISPIEL: 12 Roboter Feinwerktechrik	Seite 9
PLANUNG	6

Die Planung nahm zwei Jahre in Anspruch und erforderte einen Aufwand von ca. 2 Mannjahren. Am Planungsprozeß waren die Fachvorgesetzten der späteren Benutzer bis hinunter zum Vorarbeiter beteiligt. Mit ihnen und dem Hersteller wurden erarbeitet: Die Zieldefinition, die Arbeitsorganisation und das Pflichtenheft. An der Installation der Anlage, die wegen der komplizierten Peripherie sehr aufwendig war, beteiligte sich auch das Planungsteam.

Bereits ein Jahr vor Beginn der Installation entschied man sich für die Neueinstellung von Fachkräften, die extern zu Automationstechnikern umgeschult worden waren.

Der Betriebsrat verhielt sich neutral. Sein Interesse galt vornehmlich Fragen der personellen Auswirkungen, der Lohnfindung und der Eingruppierung. Der Betrieb ist mit seiner Planungsarbeit allgemein zufrieden. Man sieht jedoch, daß man versäumt hat, aus dem eigenen Personal Mitarbeiter als mögliche Springer auszubilden. Bei Folgeinstallationen soll die Zahl der Roboter pro Betreuer erhöht werden, da die Mitarbeiter durch die hohen Puffer und die wenigen Programmänderungen pro Serie unterfordert sind.

ERGEBNISSE UND ERFAHRUNGEN NACH 4 JAHREN	7

Die Produktivität des System hat sich stark verbessert, die Durchlaufzeiten sind bedeutend kürzer geworden.Die gesamten Stück- und insbesondere die Kontrollkosten haben sich verringert. Die Motivation der Mitarbeiter ist sehr gut.

Diese Faktoren, die sehr stark durch die Arbeitsorganisation und den hohen Qualifikationsstand beeinflußt werden, haben sich kontinuierlich verbessert. Die Technik selbst macht allerdings noch Sorge: Die wirtschaftliche Fertigung großer Mengen wurde nur teilweise erreicht, da durch Peripherieprobleme die Anlaufzeiten bis zum störungsfreien Lauf noch zu lang sind (vor allem beim Bestückungsroboter). Bei dem Lötroboter treten Probleme mit der Löttechnik und der Positioniergenauigkeit auf.

| FALLBEISPIEL: | 13 | CAD Drehmaschinenbau | Seite | 1 |

ÜBERSICHT | 1

1.1 System und Arbeitsaufgabe

Das offene 2D-System mit neun Arbeitsplätzen wird in der mechanischen Konstruktion eingesetzt.

1.2 Organisation

Insgesamt sind 23 Mitarbeiter mit CAD beschäftigt. Es ist als dezentralisierter Open-Shop-Betrieb organisiert. Konstrukteure und Zeichner wechseln zwischen Brett und Terminal. Im Bereich von Detaillierung und Variantenkonstruktion überlappen sich die Arbeitsgebiete von Konstrukteuren und Zeichnern recht stark.
Der Zugang zu den Terminals wird durch Absprache geregelt. Schichtdienst findet nicht statt.

1.3 Planung und Qualifizierung

Die Planung war mit vier Jahren langfristig und mit ca. 4 Mannjahren auch aufwendig. Betroffene hatten indirekten Einfluß auf die Planungen.
Die Planung der Qualifizierungsmaßnahmen begann drei Jahre vor der Installation. Alle CAD-Mitarbeiter durchliefen einen sechswöchigen Kurs.

1.4 Erfahrungen nach 4 Jahren

Die Arbeitseffektivität hat sich um (geschätzt) das 1,5- bis 2-fache erhöht, die Durchlaufzeiten sind wesentlich verkürzt. Der endgültige Produktivitätseffekt wird erst erwartet, wenn alle Zeichnungen im System sind. Die Flexibilität der Konstruktionsabteilung hat sich sehr stark verbessert.

BETRIEBLICHES UMFELD | 2

Der Betrieb fertigt mit ca. 1600 Mitarbeitern (davon ca. 800 in Produktion und Montage, Facharbeiteranteil 70 %) typisierte Drehmaschinen, die mit kundenspezifischen Varianten ausgeliefert werden. Die Aufträge werden in der Regel durch Bestellungen mit Einzelaufträgen ausgelöst, wobei die Seriengröße zwischen 1 und (selten) 20 liegt. Bei Kleinteilen werden allerdings manchmal Losgrößen von ca. 300 erreicht. Die sehr komplexen Produkte erfordern gleichzeitig eine große Fertigungstiefe und Fremdbezug in größerem Umfang.

2.2 Produktionsplanung und Steuerung

Seit über 20 Jahren werden die lang-, mittel- und kurzfristigen Steuerungen stark DV-gestützt. Die Software ist zum großen Teil selbst entwickelt, zentrale Datenbanken, darunter eigene Zeitkataloge, werden vielseitig genutzt. BDE-Systeme werden zur Planung und Steuerung eingesetzt, nicht zu Kontrollen.

Die Feinterminierung und die Reihenfolgeplanung werden vom Steuerungssystem vorgegeben. Die Zuteilung der Aufträge an die Arbeitsplätze erfolgt durch den Meister.

2.3   Grundlinien des Technikeinsatzes

Der Betrieb verfolgt - trotz einer stark DV-gestützten Steuerungsphilosophie - bewußt eine Politik des Ausgleichs zwischen Mensch und Technik. Danach soll die Technik der Unterstützung des Menschen dienen. Solche Themen werden oft im mittleren und oberen Management diskutiert und allgemein als Arbeitsgrundlage akzeptiert.

2.4   `Neue Techniken` im Betrieb

Seit 15 Jahren wird CNC eingesetzt, derzeit mit ca. 40 Maschinen (Spanen, Schneiden, Brennen, Biegen) und NC-Programmiersysteme. DNC wird seit zehn Jahren angewendet, seit zwei Jahren sind flexible Fertigungssysteme für Fräsen und Bohren im Betrieb. CAD-CAM-Kopplungen sind im Aufbau.

SYSTEMBESCHREIBUNG   3

3.1   System

Ein offenes 2D-CAD-System (CADLAN) wird für die mechanische Konstruktion eingesetzt. Es umfaßt neun Arbeitsplätze mit IBM 5080- und Tektronix-Bildschirmen (19", 1024x1024 Bildpunkte, Raster, mehrfarbig) mit Menutablett und alphanumerischer Tastatur.
Der Rechner (HITACHI(BASF 775)) ist in das gemeinsame technisch-kommerzielle Rechenzentrum integriert.
Für die Zeichnungsausgabe steht ein DIN-A-O-Plotter zur Verfügung. Kopplungen zur Arbeitsplanung und zur NC-Programmierung sind geplant.

3.2   Arbeitsaufgabe

Zum Befragungszeitpunkt wurden etwa 15 bis 20 % aller Konstruktionsaufgaben über CAD abgewickelt, wobei etwa 50 % der Zeiten für Entwurfsarbeiten und 50 % für die Ausarbeitung genutzt wurden. 80 % aller CAD-Arbeiten sind Neukonstruktionen, die dann die Basis für spätere Anpassungskonstruktionen darstellen.
Das System wird für einfache mechanische Berechnungen, Zahnradberechnungen und Finite-Element-Methode (FEM) genutzt.

3.3   Organisation

Das System ist als `open-shop`-Betrieb organisiert. Von den insgesamt 120 Mitarbeitern der Konstruktion arbeiten 20 mit dem untersuchten System (weitere 6 arbeiten mit einem Elektro-CAD-System). Die Terminals stehen in der Konstruktionsabteilung in der Nähe der Bretter. Die Mitarbeiter wechseln zwischen Terminal und Brett. Alle CAD-Mitarbeiter sind organisatorisch der Konstruktion zugeordnet.

Zwei bis drei Mitarbeiter teilen sich ein Terminal. Jeder trägt seine Belegungswünsche in eine Liste ein. Da die Bildschirme von 6.30 Uhr bis (bei Bedarf) gegen 21.00 Uhr zugänglich sind, ergeben sich aus der persönlichen Absprache bisher keine Probleme. Schwierigkeiten entstehen eigentlich nur dann, wenn die Mitarbeiter länger an den Terminals arbeiten wollen als dieses nach der allgemeinen Betriebsvereinbarung über EDV-Arbeitsplätze zulässig ist.

FALLBEISPIEL: 14   CAD Drehmaschinenbau   Seite 3

Im Prinzip entscheidet der Ausführende selber, was er über CAD erledigt.
Das führte allerdings in der Anfangsphase zu Problemen: Hoher Zeit- und
Arbeitsdruck ließen wenig Möglichkeiten zum Üben mit CAD. Die Konstrukteure
waren am Brett schneller. Die Kapazität des Konstruktionsbüros sank zunächst.
Erst nachdem Teile definiert wurden, die nur mit CAD erledigt werden durften
(Ähnlichteile, Teile mit Mehrfachverwendungen), wuchsen die Routine und gleichzeitig die Anzahl der gespeicherten Zeichnungen. Erst dann wurden die Vorteile
von CAD voll erkannt, und die Konstrukteure nutzten das System erheblich
effektiver.

Die Arbeitsgebiete vor allem der Zeichner und der Konstrukteure sind nicht
streng getrennt: Im Bereich der Detaillierung und der Variantenkonstruktion
überlappen sie sich. Die Zeichner sind in der Lage, viele Variantenkonstruktionen selbständig durchzuführen.

ARBEITSORGANISATION   4

CAD-Mitarbeiter

für direkte Aufgaben	Anzahl männl.	weibl.	Organisatorische Zugehörigkeit
Entwurfs-Konstrukteure	9	1	Konstruktion
Technische Zeichner/Detail-Konstrukteure	2	2	Konstruktion
Berechnungsingenieure	1		Konstruktion
für indirekte Aufgaben			
Anwendungsprogrammierer	1		Konstruktion
Systemprogrammierer	1		Konstruktion

FALLBEISPIEL: 13	CAD Drehmaschinenbau				Seite 4

ARBEITSORGANISATION - Detailstruktur

Es führen durch: ■ = allein ▦ = mit anderen	Entwurfs Konstrukteure	Detail-konstrukteure/Zeichner	Berech-nungs-in-genieure	An-wendungs program-mierer	System-program-mierer	
Entwerfen	■					
Detaillieren	▦	▦				
Varianten-Konstruktion	▦	▦				
Makros programmieren — Zeichnung				▦	▦	
Befehle				▦	▦	
Arbeitspläne bearbeiten						
Stücklisten bearbeiten						
Berechnungen — FEM u.ä.			■			
einfache	▦		▦			
Programmier-Beratung — CAD			▦	▦	▦	
allgemeine			▦	▦	▦	
Operating	▦	▦				

Konstrukteure, Zeichner und Berechnungsingenieure sind zu ca 50 Prozent ihrer Arbeitszeit mit CAD beschäftigt (bei manchen Projekten jedoch auch teilweise zu 100 Prozent). Die Programmierer erledigen zu 100 Prozent CAD-Aufgaben.

QUALIFIZIERUNG | 5

Den Zeichnern, Konstrukteuren und Berechnungsingenieuren wurden Grundkenntnisse in EDV und CAD vermittelt. Die Kurse fanden im Betrieb mit dem CAD-Leiter als Trainer statt. Sie dauerten sechs Wochen. Der Kursinhalt umfaßte auch system-spezifische Kenntnisse. Für diese wurden die Schulungsunterlagen des Herstellers umgeschrieben.
Der Kurs fand in der ersten Woche ganztägig statt, in der Folgezeit jedoch nur halbtägig, wobei jeweils eine Stunde als Vorbereitungszeit genutzt wurde und drei Stunden am Terminal zugebracht wurden.
Allen Führungskräften wurde eine ausführliche Informationsveranstaltung angeboten (2 x 4 Stunden mit Demonstration).

Durch die intensive sechswöchige Ausbildung wuchs die CAD-Mannschaft zu einem funktionierenden Team mit intensiver menschlicher und fachlicher Kommunikation zusammen. Der Teamgeist ist auch nach drei Betriebsjahren noch vorhanden.

| FALLBEISPIEL: | 13 | CAD Drehmaschinenbau | Seite 5 |

PLANUNG   6

Die Planungsdauer war mit drei Jahren relativ lang, und nahm vier Mannjahre in
Anspruch. Der hohe Aufwand ist darauf zurückzuführen, daß man die Systemauswahl
zurückstellen mußte, da das favorisierte System noch nicht ausgereift war. Im
Planungsteam arbeiteten vornehmlich Mitarbeiter mit sehr viel Betriebs-
erfahrung: 4 Personen aus der Konstruktion, 3 aus der Fertigung, 1 aus dem
Rechenzentrum. Ein Betriebsratsmitglied gehörte dem Team an, es nahm vor allem
Einfluß auf Fragen der Ergonomie und der Arbeitszeitregelung.
Durch intensive Kontakte mit den Konstrukteuren und den Zeichnern vor Ort
(Gespräche, Arbeitskreise) nahmen die Betroffenen `inoffiziell` Einfluß auf
die Planungen.
Alle Projektarbeit fand während der Arbeitszeit statt. Die Qualifizierungsmaßnahmen wurden bereits drei Jahre vor der Installation geplant. Sie begannen
aber erst mit der Installation des Systems, da die Mitarbeiter direkt am System
trainieren können sollten.

ERGEBNISSE UND ERFAHRUNGEN NACH 3 JAHREN   7

Die Arbeitseffektivität hat sich um (geschätzt) das 1,5- bis 2-fache erhöht,
die Fehlerquote wurde beträchtlich reduziert; die Durchlaufzeiten haben sich
verkürzt, die Verbesserung der Dokumentation wurde voll erreicht.
Die angestrebte Verkürzung der Entwurfszeiten wird erst dann voll zum Tragen
kommen, wenn alle Zeichnungen im System gespeichert sind.
Die Flexibilität der Konstruktion hat sich stark erhöht: Die Mitarbeiter können
mehr Aufgaben selbständig lösen und produzieren mehr Ideen.
Nach Einschätzung des Konstruktionsleiters hat die Ausweitung des Arbeits-
gebietes der Zeichner sehr stark zur Verbesserung der Arbeitseffektivität
beigetragen. Die gute Qualifizierung sieht er als den Hauptgrund für die stark
verbesserte Flexibilität an.

Probleme sieht er dann, wenn sich neue Abteilungen in alten Strukturen ent-
wickeln (z.B. eine CAD-Zelle innerhalb einer Konstruktionsabteilung). Hier
könnten sich später einmal Probleme ergeben. Für die Planung von CAD-Systemen
gibt er als Empfehlung:
  1.) Klar die eigenen Erwartungen an CAD definieren und formulieren,
  2.) Informationen bei ähnlichen Anwendern sammeln, viel Sorgfalt auf die
      Systemauswahl verwenden.
  3.) CAD als `open-shop` organisieren,
  4.) Mitarbeiter sorgfältig qualifizieren und ihnen viel Zeit zum
      Einarbeiten lassen.

FALLBEISPIEL: 14	CAD Großmaschinenbau	Seite 1
ÜBERSICHT		1

1.1 System und Arbeitsaufgaben

Das offene 2D-System mit acht Arbeitsplätzen wird für die mechanische Konstruktion eingesetzt. Die Geometriedaten werden an zwei Arbeitsplätze in der Arbeitsvorbereitung zur CNC-Programmierung überspielt.

1.2 Organisation

52 Mitarbeiter in der Konstruktion und drei in der Arbeitsvorbereitung arbeiten mit CAD. Das System ist als dezentralisierter Open-Shop-Betrieb organisiert. Die Konstrukteure und Zeichner wechseln zwischen Brett und Terminal Die Zugangsmöglichkeiten werden durch Absprachen geregelt. Schichtdienst findet nicht statt. Die Arbeitsteilung zwischen Konstrukteuren und Zeichnern ist relativ stark ausgeprägt.

1.3 Planung und Qualifizierung:

Die Planung nahm ein Jahr in Anspruch, die Qualifizierung wurde parallel zur Technik geplant und vor der Installation begonnen. Es erfolgt eine laufende Weiterqualifizierung.

1.4 Erfahrungen nach einem Jahr (CAD) bzw. nach einem halben Jahr(CAD-CAM)

Die erwartete Verringerung des Zeitaufwandes ist noch nicht voll eingetreten, da sich das System noch im Aufbau befindet. Die Durchlaufzeiten haben sich jedoch schon merklich verkürzt. Die Fehlerreduzierung in der CNC-Programmierung wurde voll erreicht.

BETRIEBLICHES UMFELD	2

2.1 Betriebsdaten

Der Betrieb fertigt mit ca. 600 Mitarbeitern (350 in Produktion und Montage, Facharbeiteranteil 80%) schwere Werkzeugmaschinen und Handhabungsgeräte fast ausschließlich nach Kundenspezifikation. Einzel- und Kleinserienfertigung (1 bis max. 50 Stück) herrschen vor. Die sehr komplexen Produkte bedingen gleichzeitig eine große Fertigungstiefe und einen bedeutenden Anteil an Fremdbezug. Die Auftragsauslösung erfolgt im Wesentlichen auf Bestellung mit Einzelaufträgen. Disponiert wird deshalb nach Kundenaufträgen.

Der Betrieb ist konsequent nach Produktsparten gegliedert. Das Konstruktionspersonal ist den Sparten zugeordnet.

2.2 Produktionsplanung und Steuerung

Hier wird nur teilweise mit DV-Unterstützung gearbeitet: In der Fertigung muß
- wie im Großmaschinenbau üblich - mit teilweise sehr langen Durchlaufzeiten
gerechnet werden. Die Produktions-Programmplanung, die langfristige Disposition, ein grober Kapazitätsabgleich, die kurzfristige Materialwirtschaft und
die NC-Programmverwaltung laufen mit EDV-Unterstützung. Alle übrigen Funktionen
werden manuell wahrgenommen.
Geplant wird im Wesentlichen nur über Engpaßmaschinen. Die Fertigungssteuerung
gibt alles an Aufträgen frei, was `in absehbarer Zeit` (6-7 Monate) fällig ist.
Der Meister holt die Aufträge ab und legt Reihenfolgen und Termine fest.

2.3 Grundlinien des Technikeinsatzes

Der Betrieb verfolgt insgesamt eine technikzentrierte Philosophie: Man erhofft
Problemlösungen eher von der Technik und von der EDV als von den Fähigkeiten
der Mitarbeiter, deren Bedürfnissen durch penible Erfüllung ergonomischer Anforderungen Rechnung getragen wird.

2.4 `Neue Techniken` im Betrieb

Seit 6 Jahren wird CNC mit insgesamt 6 Maschinen eingesetzt (Drehen, Fräsen,
Brennen), die von Anfang an in der Arbeitsvorbereitung programmiert wurden.
CAD wird seit einem Jahr mit zwei Systemen und insgesamt 12 Terminals eingesetzt (Elektrokonstruktion, mechanische Konstruktion). Die Kopplung zwischen
dem CAD-System und der NC-Programmierung ist seit einem halben Jahr mit zwei
Terminals in Betrieb. Die Vernetzung von CAD mit der Arbeitsplanung befindet
sich im Vorbereitungsstadium.

SYSTEMBESCHREIBUNG 3

3.1 System

Ein offenes 2D-CAD-System (MEDUSA) ist mit einem CNC-Programmiersystem
gekoppelt (EURO-APT). Die Geometriedaten werden an die CNC-Programmierung in
der Arbeitsvorbereitung überspielt, dort werden die Technologiedaten zugefügt.
Die Hardware umfaßt drei eigene Rechner (VAX) mit intelligenten Workstations,
die organisatorisch ins technische Rechenzentrum integriert sind . Den Konstrukteuren stehen u.a. vier DEC und vier Westward-Terminals (mehrfarbig, 19",
Raster) mit separatem alpha-numerischem Bildschirm und Menutabletts zur
Verfügung. Zwei weitere Terminals sind in der Arbeitsvorbereitung installiert.
Zeichnungen können über einen elektro-statischen DIN-A-0-Plotter ausgegeben
werden.

3.2 Arbeitsaufgabe

Das System wird in allen Konstruktionsphasen (Angebot, Entwurf und Ausarbeitung)
eingesetzt. Zur Zeit liegt der CAD-Anteil bei allen Konstruktionsaufgaben bei
ca. 25 %. Im einzelnen werden durch CAD unterstützt: 50 % aller Neukonstruktionen, 60 bis 70 % aller Anpassungskonstruktionen und alle Variantekonstruk-
tionen (soweit sie im System gespeichert waren).
Für komplexe Berechnungen wird vor allem die Finite-Element-Methode (FEM)
eingesetzt.

158

3.3 Organisation

Das System ist als dezentraler Open-Shop-Betrieb organisiert. Die Terminals stehen in den einzelnen spartenbezogenen Konstruktionsabteilungen in der Nähe der Bretter. Die Konstrukteure und Zeichner wechseln zwischen Brett und Terminal

Von insgesamt 60 Mitarbeitern der Konstruktion sind 52 Mitarbeiter mit CAD-Tätigkeiten betraut. Drei Mitarbeiter in der AV betreuen die NC-Seite der CAD-CAM-Kopplung.

Das System ist 24 Stunden am Tag zugänglich (abzüglich 2 Stunden für die Datensicherung). Es ist kein formeller Schichtbetrieb eingerichtet. Die Nutzung erfolgt nach Absprache in den Fachabteilungen. Die häufigsten Nutzungszeiten liegen zwischen 7.00 und 19.00 Uhr. Echte Nachtarbeit ist selten.

Laut Anweisung der Geschäftsleitung soll möglichst viel Konstruktionsarbeit auf das CAD-System verlegt werden. De facto entscheidet der Abteilungsleiter Konstruktion nach Absprache mit den Fachbereichen. Priorität haben alle für Variantenbildung geeigneten Konstruktionen. Innerhalb der Mitarbeiter der Konstruktionsabteilung ist die Aufteilung der Arbeit ziemlich klar definiert. Die Zeichner sind für das Detaillieren zuständig und nur in wenigen einfachen Ausnahmefällen auch für Variantenkonstruktion, die fast ausschließlich die Domäne der Entwurfskonstrukteure ist.

ARBEITSORGANISATION 4

CAD-Mitarbeiter			
für direkte Aufgaben	Anzahl männl.	weibl.	Organisatorische Zugehörigkeit
Entwurfs-Konstrukteure	20		Sparte
Technische Zeichner/Detail-Konstrukteure	17	3	Sparte
Berechnungsingenieure	5		Sparte
Berechnungsingenieure	5		Zentrale Elektro-konstruktion *
NC-Programmierer	3		Zentrale AV
für indirekte Aufgaben			
Systemprogrammierer	1		Zentrale EDV
Anwendungsprogrammierer	1		Zentrale EDV

* Die zentrale Elektrokonstruktion steht kurz vor der Aufteilung auf die Sparten. Damit verbleiben für CAD-CAM als zentrale Bereiche nur noch EDV und Av.

| FALLBEISPIEL: | 14 | CAD Großmaschinenbau | | | | Seite | 4 |

ARBEITSORGANISATION - Detailstruktur

Es führen durch: ■ = allein ▦ = mit anderen	Entwurfs Konstrukteure	Detail-konstrukteure/Zeichner	Berech-nungs-in-genieure	NC-program-mierer	System-program-mierer	An-wendungs program-mierer
Entwerfen	■					
Detaillieren		■				
Varianten-Konstruktion	▦	▦ *				
Makros programmieren — Zeichnung	■					
Makros programmieren — Befehle						■
Arbeitspläne bearbeiten						
Stücklisten bearbeiten	▦					
NC-Programmierung				■		
Berechnungen — FEM u.ä.			■			
Berechnungen — einfache	■					
Programmier-Beratung — CAD					▦	▦
Programmier-Beratung — allgemeine					▦	▦
Operating **						

* Nur in einfachen Ausnahmefällen ** Ist Aufgabe des zentralen Rechenzentrums

QUALIFIZIERUNG 5

Zeichner, Detailkonstrukteure und Entwurfskonstrukteure durchliefen ein konzern-eigenes Seminar: 10 Stunden Grundwissen EDV, 1 Woche Grundwissen CAD sowie gerätespezifisches Wissen an der Anlage. Lehrer war der Anwendungsprogrammierer. Die Qualifizierung der ersten Anwendergeneration hat ca. 1 Jahr gedauert. Der Einführungskurs dauerte 3 Wochen und wurde vom Betrieb als zu umfangreich angesehen. Jetzt nimmt das Anlernen durch erfahrene Kollegen einen größeren Raum ein.

Entwurfskonstrukteure erhielten zusätzliche betriebliche 2-3-Tageskurse in Variantenkonstruktion. Sie werden darüber hinaus in `C-Techniken` im Betrieb und bei der örtlichen Industrie- und Handelskammer weitergebildet.
Alle CAD-Anwender treffen sich einmal im Monat zu einem User-Treff.
NC-Programmierer wurden in CAD-Grundwissen, im Lesen von Zeichnungen und Datenübergabe in MEDUSA unterrichtet. Der 1-wöchige Kurs fand ebenso im Betrieb statt wie ein 10-stündiger EDV-Grundkurs.
Vorgesetzte nahmen an einem 1-wöchigen CAD-Grundkurs im Betrieb teil.

PLANUNG   6

Die Planung der Installation dauerte ein Jahr und nahm vier Mannmonate in
Anspruch. Von den betroffenen Abteilungen wurden nur die Leiter an der Planung
beteiligt. Die Qualifizierungsmaßnahmen liefen schon während der Planungsphase.
Zunächst wurden alle Mitarbeiter der Konstruktion in einen CAD-Grundkurs
geschickt. Erst danach erfolgte die Auswahl der CAD-Mitarbeiter. Kriterien
waren dabei die Eignung (nach der Beurteilung durch die Vorgesetzten) und die
Freiwilligkeit der Mitarbeiter. Dabei erwies sich auch, daß über 50-jährige
Mitarbeiter sehr gut abschnitten. Sie wurden auf das System übernommen.

Der Betriebsrat verhielt sich während der Planungen neutral.

ERGEBNISSE UND ERFAHRUNGEN   7

Trotz der nur kurzen Laufzeit der Installation (CAD: ein Jahr, CAD-CAM: ein
halbes Jahr) waren Erfolge deutlich:

Die Fehlerreduzierung in der NC-Programmierung wurde voll erreicht. Die Kosten
der Programmierung sind gesunken. Die Durchlaufzeiten haben sich bereits stark
verkürzt.
Es wird mit weiteren Verbesserungen der Produktivität gerechnet, da sich das
System noch im Aufbau befindet und die Mitarbeiter noch nicht voll einge-
arbeitet sind. Die Motivation des Personals ist sehr gut. Der befragte
Konstruktionsleiter schreibt den Produktivitätsgewinn vor allem der eingesetzten Technik zu. Für die erzielten Kostensenkungen in der NC-Programmierung
sei jedoch vor allem die gute Qualifizierung der Mitarbeiter ursächlich.

B Planungshilfen

Vergleicht man einzelne Fälle miteinander, wird man feststellen, daß auch bei sehr ähnlichen Arbeitsaufgaben und ähnlichen Betriebsstrukturen recht unterschiedliche Formen der Arbeitsorganisation vorkommen können.

Die Organisation der Technik ergibt sich eben nicht zwangsläufig, sie ist gestaltbar.

Sicherlich ist mancher der dargestellten Fälle noch verbesserungsfähig. Hier ist der Leser gefordert, auf dem Papier andere Lösungen zu finden, mit ihnen zu experimentieren und auch die Möglichkeiten für den eigenen Betrieb in solchen Überlegungen auszuloten.

Die hier vorgestellten Planungshilfen sollen und können nicht die bekannten Planungsmittel ersetzen, wie sie z.B. vom REFA-Verband erarbeitet wurden, und die sich in der betrieblichen Praxis bewährt haben.

Sie sollen vielmehr - sozusagen im Vorfeld der exakten Planung - Ideen und Anregungen zur Gestaltung von Arbeitssystemen liefern. Die Hilfsmittel nutzen dazu die gleiche Systematik, wie sie bei der Darstellung der Fallbeispiele verwendet wurde. Sie besteht im wesentlichen aus der Verteilung von Einzelfunktionen und Funktionsgruppen auf Mitarbeiter. Die Hilfsmittel wurden so gestaltet, daß sie im Prinzip für die Erfassung einer Vielzahl von mikroelektronisch gestützten Produktionstechniken geeignet sind. Für CAD-Tätigkeiten wird eine eigene Variante angeboten.

Die in den Listen 'Tätigkeitsprofil' beschriebenen Aufgaben sind keineswegs als umfassende oder obligatorische Kataloge von Planungsdaten aufzufassen, sondern eher als Anregungen und Denkanstöße. Die Listen können deshalb ohne weiteres auch erweitert oder gekürzt werden.

Sie sollen auf einfache Weise - durch das Ausfüllen von Kästen - eine Art von Gedankenexperiment unterstützen: Welche konkreten Strukturen von Tätigkeiten sind bei der konkreten Investition überhaupt sinnvoll, welche sind zur Zeit möglich, welche vielleicht erst in der Zukunft?

Die Planungshilfen sollen damit nicht nur eine Vorstufe zur konkreten Planung sein, sondern zugleich auch ein Hilfsmittel für die gezielte Personalentwicklung in der Produktion. Sie sollen helfen, deren Ziele zu finden, zu formulieren und zu definieren, also die angestrebten Zustände zu beschreiben. Dieser Funktion, ein Hilfsmittel der

Personalentwicklung zu sein, können sie nur gerecht werden, wenn sie auch Hilfen zur Qualifizierung der Mitarbeiter bieten.

Dieses soll mit Hilfe der 'Anforderungsliste' geschehen. In der linken Spalte dieser Liste stehen (hier als Beispiel für ein flexibles Fertigungssystem) die Tätigkeits- oder Aufgabengruppen, wie sie aus den Tätigkeitsprofilen entnommen wurden. In der jeweiligen Zeile kann dann versucht werden, ob (und gegebenenfalls welche) 'Anforderungen' an Fach-, Methoden- und Sozialkompetenz für die Erfüllung der einzelnen Aufgabengruppen erfüllt werden müssen.

Aus der Seite 1 der Tätigkeitsprofile kann entnommen werden, welche Mitarbeiter in welchen Tätigkeitsgruppen Aufgaben übernehmen sollen. Aus den Daten der Anforderungsliste und der Tätigkeitsprofile kann dann das Anforderungsprofil erstellt werden, welches für jede Mitarbeitergruppe angibt, welche Kompetenzen zu vermitteln sind. Wird in die Spalte 'Anzahl' die Zahl der Betroffenen eingetragen, erhält man ein erstes Mengengerüst für Qualifizierungsmaßnahmen.

Das Mengengerüst kann um diejenigen Fälle bereinigt werden, bei denen die notwendige Kompetenz bereits vorhanden ist (z.B. wird ein erfahrener Konstrukteur weniger Auffrischung über Grundlagen des Konstruierens benötigen als ein Zeichner, der Variantenkonstruktion übernehmen soll).

Auf diese Weise ist es möglich, relativ schnell und problemlos Grunddaten über die notwendigen Qualifizierungsmaßnahmen zu erhalten, mit denen dann die Weiterbildung geplant werden kann.

Die Blätter 'Benötigtes Grundwissen' geben noch einmal einen Überblick über jenes CAD-, CNC-, Roboter-Wissen, welches eigentlich vor dem üblichen Herstellerkurs vermittelt werden sollte. Herstellerkurse allein reichen oft nicht aus, um das Maß an Kompetenz zu erzeugen, welches im praktischen Betrieb der Systeme erforderlich ist.

Aber die Vermittlung dieser notwendigen Kompetenzen darf nicht als Nebensache der Planung betrachtet werden; sie wird mit der Komplexität der Techniken und der Bearbeitungsprobleme zunehmend wichtiger. Anhand der Listen 'Grundwissen' ist der zeitliche Umfang der Maßnahmen grob abzuschätzen. Damit kann das Mengengerüst für die Qualifizierungsplanung verfeinert werden. Gleichzeitig können diese Listen auch als Checklisten dienen für die Kursangebote von Weiterbildungsträgern.

Und schließlich sollte die 'Checkliste' zur projektbezogenen Weiterbildung als Gedankenstütze dazu beitragen, die notwendigen Maßnahmen vollständig und frühzeitig zu planen.

TÄTIGKEITSPROFIL für:						Seite 1
PERSONAL UND ARBEITSORGANISATION - Übersicht						

Mitarbeiter	Qualifikation	Anzahl	Schichtverteilung			
			normal	früh	spät	nachts

Es führen aus/sind verantwortlich für: X = allein O = zusammen mit anderen					
Disposition, Steuerung					
Material, Transport					
Warten, Instandhalten					
Programm erstellen					
Programmkorrektur,-optimierung					
Maschine rüsten					
Informationen rüsten					
Bearbeiten, Überwachen					
Kontrollen					

TÄTIGKEITSPROFIL für					Seite 2
ARBEITSORGANISATION - Detailstruktur					

Disposition,Steuerung					
Aufträge verwalten					
Kapazitätsabgleich Maschinen					
Kapazitätsabgleich Personal					
Feinterminierung					
Reihenfolgen festlegen					
Arbeitsablauf sicherstellen					

Material,Transport					
Material bereitstellen					
Materialbestand prüfen					
Materialtransport durchführen					
Transportverantwortung					

Warten, Instandhalten					
Pflegen der Anlage					
Einfache Wartung nach Plan					
Einf.elektr. Störungen beheben					
Einf.mechan. Störungen beheben					

165

TÄTIGKEITSPROFIL für					Seite 3

ARBEITSORGANISATION - Detailstruktur

Programmieren, Planen					
Programm erstellen					
Programm ändern					
Werkzeugplan erstellen					
Spannplan erstellen					
Bearbeitungsprobl. besprechen					
Bei Ausfällen: Operating					

Maschine rüsten, vorbereiten					
Werkzeuge (WZ) voreinstellen					
WZ, Spannmittel bereitstellen					
WZ-Einstellung kontrollieren, WZ einsetzen					
Spannmittel vorber., aufbauen					
Werkstück spannen					
Sonst. Betr.-Mittel vorbereit.					

TÄTIGKEITSPROFIL für					Seite 4
ARBEITSORGANISATION - Detailstruktur					

Informationen rüsten, vorbereiten					
Info-träger einlegen/entnehmen					
Nullpunkt einstellen					
Korrekturschalter nach Plan setzen					
Korrekturschalter nach WZ-Verschleiß setzen					
Probelauf					

Bearbeiten und Überwachen					
Programm starten					
Arbeitsgang beobachten					
Späne brechen, entsorgen					
Werkzeugwechsel					
Betriebszustand überwachen					
Fertigungsfortschritt melden					
Störungen suchen					
Störungsmeldungen auswerten					
Kleine Störungen beheben					
Roboter-Magazin füllen					
Teile einzeln einlegen					
Teile entnehmen					

TÄTIGKEITSPROFIL für						Seite 5
ARBEITSORGANISATION - Detailstruktur						

Kontrollen					
Kontr. während der Bearbeitung					
Kontrolle der fertigen Stücke					
Prüfprotokolle führen					
Prüfstatistik bearbeiten					
Ausschuß erfassen					
Nacharbeit durchführen					
Nacharbeit erfassen					

TÄTIGKEITSPROFIL CAD für		Seite 1
PERSONAL UND ARBEITSORGANISATION - Übersicht		

CAD-Mitarbeiter			
für direkte Aufgaben	Anzahl männl.	weibl.	Organisatorische Zugehörigkeit
Entwurfs-Konstrukteure			
Technische Zeichner/Detail-Konstrukteure			
Berechnungsingenieure			
für indirekte Aufgaben			
Anwendungsprogrammierer			
Systemprogrammierer			

TÄTIGKEITSPROFIL CAD für						Seite 2
ARBEITSORGANISATION - Detailstruktur						

Es führen durch: X = allein O = mit anderen	Entwurfs Konstruk teure	Detail- konstruk teure/ Zeichner				
Entwerfen						
Detaillieren						
Varianten-Konstruktion						
Makros programmieren — Zeichnung						
Befehle						
Arbeitspläne bearbeiten						
Stücklisten bearbeiten						
NC-Programmierung						
Berechnungen — FEM u.ä.						
einfache						
Programmier- Beratung — CAD						
allgemeine						
Operating						

ANFORDERUNGSPROFIL

Es werden benötigt		Fachkompetenz						Methodenkompetenz			
für	Mitarbeiter	Grundlagen der Technik 1	Bedienungswissen	Programmierung einfach	Programmierung komplex	Facherfahrung 2	Techn.-Englisch	Arbeitsplanung 3	Diagnose	Arbeitstechnik	Sozialkompetenz 6
Anzahl											

1 CNC, Roboter, CAD, etc.

2 Gemeint sind fachliche Erfahrung wie: Spanende Verformung, Konstruieren, Schweißen etc.

3 Selbständiges Planen und Vorbereiten des Fertigungsablaufes.

4 Ortung und Klassifikation von Störfällen und -ursachen: Handlungsmöglichkeiten bei unterschiedlichen Störungen.

5 Problemlöse- und Entscheidungstechniken; Alternativenfindung, rationelles Arbeiten.

6 Teamfähigkeit, Artikulationsfähigkeit.

ANFORDERUNGSLISTE – BEISPIEL FFS

Es werden benötigt für Aufgaben	Fachkompetenz						Methodenkompetenz			Sozialkompetenz 6
	Grundlagen der Technik 1	Bedienungswissen	Programmierung einfach	Programmierung komplex	Facherfahrung 2	Tech. Englisch	Arbeitsplanung 3	Diagnose	Arbeitstechnik	
Disposition	X	X			X		X		X	X
Material-/Transportverantwortung					X		X		X	X
Programm erstellen	X			X	X				X	
Programm optimieren, Programm korrigieren	X	X	X	(X)	X			X		X
Maschine rüsten	X	X			X			X		X
Information rüsten	X	X	X		X			X		X
Bearbeiten, Überwachen	X	X			X			X		X
Kontrolle	X				X			X	X	X
Warten, Instandhalten	X	X	X			X		X	X	X

1 CNC, Roboter, CAD, etc.
2 Gemeint sind fachliche Erfahrung wie: Spanende Verformung, Konstruieren, Schweißen etc.
3 Selbständiges Planen und Vorbereiten des Fertigungsablaufes.
4 Ortung und Klassifikation von Störfällen und -ursachen: Handlungsmöglichkeiten bei unterschiedlichen Störungen.
5 Problemlöse- und Entscheidungstechniken; Alternativenfindung, rationelles Arbeiten.
6 Teamfähigkeit, Artikulationsfähigkeit.

Grundwissen CNC (herstellerunabhängig)

Benötigtes Grundwissen für	Programmierung				Vor-gesetzte	Planer + Ent-scheider
	maschinengebunden			Progr.-system		
	korrig. optim.	einf. Progr.	kompl. Progr.			
1. Grundlagen der CNC-Technik						
– Konstruktionsmerkmale der CNC-Maschinen	X	X	X	X	X	X
– Grundlagen des Spanens	X	X	X	X		
– Steuerungsarten (Punkt, Strecke, Bahn)	X	X	X	X	X	X
2. Grundlagen des Programmierens						
– Geometrische Grundlagen		X	X	X		
– Koordinatensystem, Bezugspunkte	X	X	X	X		
– CNC-gerechte Bemaßung	X	X	X	X	X	X
3. CNC-Programmierung						
– Funktion u. Aufbau des Programms	X	X	X	X	X	X
– Werkzeugkorrekturen	X	X	X	X	X	X
– Zyklen und Unterprogramme	X	X	X	X	X	X
– Konturzugprogrammierung			X	X		
– Parameterprogrammierung			X	X		
4. CNC-Programmierung z. B.:						
– Drehen	X	X	X	X	X	
– Fräsen	X	X	X	X	X	
5. CNC-Organisation						
– Programmierorte					X	X
– Programmierarten	X	X	X	X	X	X
– Archivierung		X	X	X	X	X
– Betriebliches Umfeld	X	X	X	X	X	X
6. Maschinelle Programmierung						
– Grundlagen	X	X	X	X	X	X
– Systeme				X		X
– Organisation				X	X	X
7. Wirtschaftlichkeit						
– Entscheidungshilfen						X
8. Planung und Einführung						
– Projektmanagement					X	X
– Arbeitsstrukturierung					X	X
– Techn. u. organisat. Vorbereitung					X	X
– Personaleinsatz					X	X
– Schulung					X	X
9. Grundinformation CA-Techniken	X	X	X	X	X	X
10. Praktische Übungen an Simulatoren und Maschinen	X	X	X	X	X	X
Zeitaufwand ca. Stunden	80	100	150–170	240–280	20–25	20–25
Zeitanteil in Prozent, praktische Übungen, Demos etc.	40–50	50	50–60	50–70	30	10

Grundwissen Roboter (herstellerunabhängig)

Benötigtes Grundwissen für:	Anlagen-betreuer	Anlagen-fahrer	Instand-halter	Program-mierer	Führungs-kräfte
1. Grundlagen					
– DV	X	X	X	X	X
– Handhabungstechnik		X	X	X	X
– Anwendungsbereiche			X	X	X
– Aufbau von Robotern	X	X	X	X	X
– Aufbau von Steuerungen		X	X	X	X
– Achsen u. Koordinaten	X	X	X	X	X
2. Grundlagen der Anwendungs-technik (Schweißen, Lackieren etc.)	X	X	X	X	
3. Bedienung von Robotern (manuell)	X	X	X	X	
4. Programmieren von Robotern					
– Prinzipien Progr.-Arten	X	X	X	X	X
– Grundzüge	X	X	X	X	X
– Vertieftes Wissen			X	X	
– Textuelles Programmieren			X	X	
– Optimierungen			X	X	
5. Wartung und Instandhaltung					
– Fehlerdiagnose		X	X	X	
– Wartung	X	X	X		
6. Sicherheit	X	X	X	X	X
7. Praktische Übungen	X	X	X	X	
8. Wirtschaftlichkeit					X
9. Einführungsstrategien					
– Information u. Beteiligung d. Betroffenen					X
– Schulung					X
10. Meß-, Regel-, Steuertechnik			X		
11. Digital- u. Mikrocomputertechnik			X		
Zeitaufwand Stunden ca.	40	$\frac{50}{100}$	$\frac{1500}{2000}$	100	30
Zeitanteil in Prozent, praktische Übungen, Demos, etc.	$\frac{60}{80}$	$\frac{60}{80}$	$\frac{60}{80}$	80	10

Grundwissen CAD (herstellerunabhängig)

Benötigtes Grundwissen für	Alle Betrof-fenen + Vorgesetz-te	Zeichner, Konstrukteure Ingenieure 2 D	3 D	System-speziali-sten	Führungs-kräfte, Ent-scheider
1. Datenverarbeitung im Betrieb					
– Prinzipien	X	X	X	X	X
– Anwendungsbereiche	X	X	X	X	X
– Begriffe, insbes. techn. Anwendungen	X	X	X	X	X
– Organisatorische Bedingungen	X.	X	X	X	X
– Integrierte Lösungen, Schnittstellen	X	X	X	X	X
– Funktionen von Datenbanken	X	X	X	X	X
2. CAD-Systeme					
– Komponenten, Hardware	X	X	X	X	X
– Systemphilosophien, Konfigurationen	X	X	X	X	X
– Ergonomie (tech. u. organisatorisch)	X	X	X	X	X
3. CAD-Software					
– Betriebssysteme	X	X	X	X	X
– Anwendersoftware	X	X	X	X	X
– Modellieren, Manipulieren	X	X	X	X	X
– Erstellen von 2-D-Konstruktionen	X	X	X	X	X
– Erstellen von 3-D-Konstruktionen			X	X	X
– Variantenkonstruktion	X	X	X	X	X
– Variantenprogrammierung		X	X	X	
– Makroprogrammierung		X	X	X	
– Systemanpassung				X	
4. FORTRAN-Programmierung				X	
5. Integration von CAD in den Betrieb					
– Datenübertragung				X	X
– Schnittstellen				X	X
6. Einsatzfelder für CAD					
– branchen-/produktspez. Pakete	X				X
– Marktübersicht					X
7. Projektmanagement					
– Zieldefinition				X	X
– Projektteam				X	X
– Auswahlkriterien	X			X	X

Benötigtes Grundwissen für	Alle Betrof- fenen + Vorgesetz- te	Zeichner, Konstrukteure Ingenieure 2 D	 3 D	System- speziali- sten	Führungs- kräfte, Ent- scheider
8. Einführungsstrategien – Organisation – Arbeitsstrukturierung – Beteiligung der Betroffenen – Personalplanung u. -qualifizie- rung				X X X X	X X X X
9. Praktische Übung, Demos etc.	X	X	X	X	X
Zeitaufwand Stunden ca.	20	$\frac{80}{90}$	$\frac{90}{110}$	$\frac{160}{180}$	$\frac{25}{30}$
Zeitanteil in Prozent, praktische Übungen, Demos etc.	50	$\frac{50}{60}$	$\frac{50}{60}$	50	20

CHECKLISTE

zur projektbezogenen Weiterbildung

1) **Wo können die geplanten Maßnahmen durchgeführt werden?**

- extern?
  - Nutzung bestehender Kurse ‚nach Fahrplan'?
  - Maßnahmen in Auftrag geben?
  - Zeitraum?
  - Dauer?
  - Kosten?

- intern?
  - fremde Trainer?
  - eigene Trainer?
  - Freistellung?
  - Qualifikation; evtl. vorher Schulung notwendig?
    - fachlich, didaktisch?
    - wo, wie?
  - Räume, Geräte, Lehrmittel?

2) **Art der Maßnahmen**

- Seminar, Kurs, Lehrgang?
- on the Job?
- Mischform?
- Dauer?
- Anteil praktischer Übungen?
  - wo?
  - wann?
  - Abstimmung mit Betrieb nötig?
- Blockunterricht?

3) **Auswahl der Teilnehmer**

- wer ist verantwortlich?
- Kriterien (Qualifikation, Berufserfahrung, Betriebserfahrung, etc.)?
- Sind evtl. bei einzelnen Teilnehmern Vorschulungen notwendig?
  - welche?
  - wie?

4) **Schlüsselqualifikationen**

- Vermittelt der Kurs/Lehrgang die notwendige Übersicht über die betrieblichen Zusammenhänge?
  - Sind evtl. weitere Informationen/Maßnahmen notwendig?
    - welche?
    - Wer führt sie wie, wo durch?
  - Sind vorbereitende Maßnahmen wie Qualitätszirkel, Lernstatt o. ä.
    - einzurichten?
    - ausbaufähig?
  - Können Betroffene stärker an der Planung beteiligt werden (als Stärkung von planerischen Fähigkeiten und Systemübersicht)?

5) **Kosten**

- externe Kosten (Kursgebühren, Spesen, Trainer, Gerät)?
- intern (Freistellungen, Raumkosten)?
- Budgetierung und Einstellung in Investitionssumme?

Sozialverträgliche Technikgestaltung

Ulrich von Alemann, Heribert Schatz, Georg Simonis, Erich Latniak, Joachim Liesenfeld, Uwe Loss, Barbara Stark und Walter Weiß

Leitbilder sozialverträglicher Technikgestaltung

Ergebnisbericht des Projektträgers zum NRW-Landesprogramm „Mensch und Technik – Sozialverträgliche Technikgestaltung".

1992. XIV, 279 S. (Sozialverträgliche Technikgestaltung, Bd. 30) Kart.
ISBN 3-531-12355-6

Die Autoren geben einen Überblick über die Ergebnisse des NRW-Landesprogramms „Mensch und Technik – Sozialverträgliche Technikgestaltung". In diesem Programm wurden über einhundert Projekte gefördert, die die Wechselbeziehungen zwischen neuen Informations- und Kommunikationstechnologien und Wirtschaft, Gesellschaft und Politik sowie deren Gestaltbarkeit untersuchten.

Christian Boß und Volker Roth

Die Zukunft der DV-Berufe

1992. XVIII, 304 S. (Sozialverträgliche Technikgestaltung, „Materialien und Berichte", Bd. 31) Kart.
ISBN 3-531-12367-X

Datenverarbeitungs-Fachkräften kommt für die technische und wirtschaftliche Entwicklung der Bundesrepublik Deutschland eine Schlüsselbedeutung zu. Mit der Untersuchung „Die Zukunft der DV-Berufe" stellt das Institut für Sozialwissenschaftliche Forschung (ISF), Marburg, umfassend die aktuelle Situation und die Zukunftsperspektiven dieser Berufsgruppe dar. Die Analyse der Aus- und Weiterbildungssituation, die Entwicklung der Qualifikationsanforderungen sowie wichtiger Arbeitsbedingungen von DV-Fachkräften kommt

zum Ergebnis: Die Berufsperspektiven dieser Gruppe sind nicht mehr ungetrübt, „die rosigen Zeiten sind vorbei". Die Studie empfiehlt daher eine Neuordnung der DV-Berufe und eine grundlegende Umorientierung der Qualifizierungspolitik.

Wiking Ehlert (Hrsg.)

Sozialverträgliche Technikgestaltung und/oder Technisierung von Sachzwang?

1992. 211 S. (Sozialverträgliche Technikgestaltung, „Materialien und Berichte", Bd. 33) Kart.
ISBN 3-531-12424-2

Die Möglichkeiten und Grenzen sozialverträglicher Technikgestaltung treten im betrieblichen und administrativen Alltag meist in Zusammenhang mit nicht weiter erklärten „Sachzwängen" auf. In ihnen drücken sich unternehmerische Kalküle und soziale Interessen, aber auch spezielle Formen gesellschaftlicher Arbeit und die Wirkungen ökonomischer Verwertungsstrukturen in der Produktion von Waren und Dienstleistungen aus. Sachzwänge stehen deshalb auch jeder Technisierung im Weg, die den herrschenden Funktionsmechanismen von Betrieb und Büro in der bestehenden Gesellschaft nicht gerecht werden kann. Die in diesem Sammelband vorgelegten Arbeiten legen den Finger auf die Grenze zum Reich der meist nicht erklärten Sachzwänge.

WESTDEUTSCHER VERLAG
OPLADEN · WIESBADEN